V&R

Ursula Günster-Schöning / Isabella Gölles

DISZIPLIN

Schlüsselkompetenz des 21. Jahrhunderts

Ein Impulsbuch

VANDENHOECK & RUPRECHT

Mit 3 Abbildungen

Bibliografische Information der Deutschen Nationalbibliothek:
Die Deutsche Nationalbibliothek verzeichnet diese Publikation in der Deutschen Nationalbibliografie; detaillierte bibliografische Daten sind im Internet über https://dnb.de abrufbar.

Umschlagabbildung: Sunny studio/Adobe Stock

Abbildungen:
Abb. 1: © Adobe Stock Nr. 226363586 | Jo Panuwat D
Abb. 2: © Ursula Günster-Schöning
Abb. 3: © Adobe Stock Nr. 117353676 | Windy Night

Satz: SchwabScantechnik, Göttingen
Druck und Bindung: BELTZ Grafische Betriebe GmbH, Bad Langensalza
Printed in the EU

Vandenhoeck & Ruprecht Verlage | www.vandenhoeck-ruprecht-verlage.com

ISBN 978-3-525-40049-4

Inhalt

Auftakt ... 9
Kein Kind darf »verloren gehen« ... 10
Selbstdisziplin als Motor für Entwicklung ... 12
Disziplin – der Blick über den Tellerrand ... 13
Die Leistungsbereitschaft stirbt langsam, Tag für Tag ein bisschen mehr. ... 15
Mut zur neuen Autorität ... 16

Die Struktur des Buches ... 18

Die Zielgruppe des Buches ... 20

Die Icons im Buch ... 21

Teil 1 ... 23

Disziplin ... 24
Die Wortbedeutung ... 24
Die Historie hinter dem Begriff ... 25
Intrinsische Disziplin ... 26
Extrinsische Disziplin ... 27

Disziplin – einen alten Begriff neu denken ... 29
Anstrengungsbereitschaft versus Persönlichkeit ... 31
Das Temperament ist individuell ... 32
Vom Wert der Anstrengung ... 34

Von Leistungsmotivation und Disziplin 37
Hat Strenge etwas mit Leistung zu tun?
Dem Mythos auf der Spur 38
Ein Umdenken wagen 39

Pädagogik und Psychologie treffen auf Disziplin 41
Soziale Kompetenz braucht Disziplin 42

Die Anfänge der Disziplin 44

Disziplin und Selbstregulierung, die Psychologie liefert
Erkenntnisse 47

Disziplin – von der Tugend zum verpönten Begriff.
Wie kam es dazu? 50
Die neue Generation tickt anders 52
Von Selbstdisziplin und diszipliniert werden –
ein Unterschied! 53
Selbsttest: Welcher Disziplintyp sind Sie? 55
Wer bin ich? – Was will ich? 58
Unsere Prägung ist entscheidend 61
Eigene Ziele als Entwicklungsmotor 63
Was macht eine erfolgreiche Umsetzung in Kita und
Schule aus? 64
Unliebsame Aufgaben gehören zum Leben dazu! 65
Wichtige Persönlichkeiten und Disziplin 70

Disziplin – unsere These, Antithese und Synthese 74
Erziehung braucht Autorität und innere Klarheit –
ein Erläuterungsversuch 74

Intrinsische Motivation als Entwicklungsmotor 78
Das Fundament jedes erfolgreichen Lebensweges,
die Fähigkeit zur Selbstregulation 79
Armut als Entwicklungsstörer? 80
Ungleichheiten überwinden – Bildungschancen ermöglichen 85

Teil 2 89

Von Disziplin, Macht und positiver Aggression als Motor fürs Selbstwertgefühl ... 90
Disziplin und Macht – passt das zusammen? ... 90
Wir brauchen positive Aggression für ein erfülltes Leben ... 91
Aggression ist nicht gleich Aggression. Kennen Sie die Unterschiede? ... 92
Kinder brauchen Übungsfelder für ihre Aggression und Wut 93
Lernlust, Selbstwirksamkeit und positive Aggression ... 95
Gefühle wahrnehmen, ernst nehmen und regulieren lernen 96
Die positive Aggression fördern, denn auf den Anfang kommt es an ... 100
Disziplin versus Narzissmus ... 104
Alle Eltern wollen es zunächst einmal gut machen – vielen gelingt es, vielen aber auch nicht! ... 105
Von Lustlosigkeit bis Verweigerung ... 106
Von fehlender Anstrengungsbereitschaft und Selbstüberschätzung ... 107
Selbstbewusste und selbstständige Persönlichkeiten wären ein gutes Ziel ... 114
Kinder zu erziehen, braucht den Mut, eine Autorität zu sein 115
Disziplin im Kontext relevanter Begriffe ... 117

Teil 3 133

An den Früchten werdet ihr sie erkennen ... der Blick in die Zukunft! ... 134
Alle sind fleißig, jeder auf seine Art! ... 136

Influencerin oder Erzieherin – ist das die Frage?! ... 140

Gut geplant ist halb gewonnen – Ziele sind wichtig ... 142
Kreative Schaffenspausen als Energiespender nutzen lernen 143
Übung macht den Meister ... 144
Das Üben: eine Zukunftskompetenz? ... 146

Vom (Leistungs-)Sport lernen?! – Geht das? 147
Ehrliches Feedback lässt Kinder wachsen 150
Die Selbstdisziplin – der Schlüssel für alles?! 151
Disziplin als Helfer im Prozess. Auf zu neuen Ufern 155
Die Psychologie der Gewohnheiten 157
Von Widerständen und Versuchungen 159
Selbstkontrolle entwickeln und einfordern 161
Wie kommen Disziplin und Anstrengungsbereitschaft auf guten Wegen in unser Leben? 162
Unser Tipp: SMART sollten alle Ziele sein 164
Durchhalten – die Fähigkeit, um erfolgreich zu sein 166
Die Entwicklung von täglichen Routinen als Helfer im Veränderungsprozess 168
Ermutigung, Lob, Belohnung und positive Verstärkung 170
Aber es geht auch allein 171

Rückschläge gehören dazu 172

Fazit 174
Mit auf den Weg: Muten Sie Ihren Kindern etwas zu! 176

Danksagung 178

Die Autorinnen 179

Literaturverzeichnis 180
Bücher und Zeitschriftenartikel 180
Internetquellen 183

Auftakt

In der Musiksprache wird der Begriff »Auftakt« (historisch auch als »Aufschlag« oder »Arsis« bekannt) verwendet, um einen unvollständigen Takt zu beschreiben, der zu Beginn eines Musikstückes steht und dem ersten vollständigen Takt vorausgeht. Analog einem Musikstück wollen auch wir mit einem Auftakt beginnen:

»Disziplin ist die Brücke zwischen Zielen und Erfolg.«

Jim Rohn[1]

Disziplin fungiert als das entscheidende Bindeglied auf dem Weg von Zielen zu deren Verwirklichung. Diese Perspektive von Rohn hebt hervor, wie essenziell Disziplin ist, um die Lücke zwischen dem Setzen von Zielen und dem Erreichen von Erfolg zu überbrücken. Sie betont die Bedeutung von Selbstbeherrschung und der stetigen Bemühung um die eigenen Ambitionen als Schlüssel zum Erfolg. Aber trifft diese Erkenntnis universell zu, unabhängig vom kulturellen oder geographischen Kontext? Wer war Jim Rohn überhaupt, und warum scheint der Wert der Disziplin in unserer Gesellschaft, im Alltag und vor allem in der familiären Erziehung und dem heutigen Bildungswesen oft unterbewertet zu werden? Lassen Sie uns gemeinsam auf eine Entdeckungsreise gehen, um die Kunst der Disziplin in all ihrer Vielschichtigkeit und Bedeutung neu zu erforschen und zu würdigen.

Beginnen wir mit der Vorstellung von Jim Rohn (1930–2009), einem einflussreichen amerikanischen Unternehmer, Autor und Redner im Bereich der Motivation. Er zählt zu den prägenden Figuren des 20. Jahrhunderts im Feld der Persönlichkeitsentwicklung und Motivation. Rohn hat unzählige Menschen mit seinen Workshops, veröffentlichten Werken und Audioprogrammen erreicht, in-

1 https://psychologie-einfach.de/beste-zitate-disziplin/ [letzter Aufruf: 21.05.2024].

dem er eine Philosophie vermittelte, die auf dem Aufbau von Schlüsseleigenschaften und Routinen fußt. Dazu gehören unter anderem die Selbstbeherrschung, das Formulieren von Zielen, optimistisches Denken und die stetige persönliche Fortentwicklung. Über die Jahre hinweg spielten Rohns Ansätze eine bedeutende Rolle in der Evolution der Selbsthilfe- und Motivationsbranche, die stark auf die Kraft der intrinsischen Motivation, Selbstdisziplin und Selbststeuerung setzt. Die Aussprüche und Lehren von Jim Rohn finden weiterhin weltweit Anklang und Anwendung. Er vertrat die Überzeugung, dass Disziplin und eine fundierte Bildung entscheidende Elemente für die individuelle Entwicklung und das Fortschreiten von Gesellschaften darstellen.

Kein Kind darf »verloren gehen«.

Gute Bildung und Erziehung sind die Grundlagen, Disziplin bzw. Selbstdisziplin die Erfüllungsgehilfen und somit Schlüsselkompetenzen für die Zukunft. Und warum? Weil sich fast jeder Erfolg aus Disziplin speist. Und obwohl sie im Allgemeinen oft als Fähigkeit definiert wird, bestimmte Regeln und Vorschriften einzuhalten, ist sie viel mehr. Es geht bei der Auseinandersetzung mit Disziplin im eigenen Leben nicht darum, sich ständig selbst zu kasteien, oder im Zusammensein und der Arbeit mit Kindern, ob nun in Kita, Schule oder Elternhaus, darum, Kinder anzuleiten, wie sie exakt äußere Regeln beachten und sich programmieren, permanent gute Leistungen zu erbringen, sondern vor allem darum, ein glückliches und erfülltes Leben zu führen. Zu lernen, sich eigene Ziele zu setzen, an sich selbst zu glauben und sich selbst zu motivieren, um diese dann auch zu erreichen. Dies umfasst auch die Kompetenz, das eigene Verhalten entsprechend anzupassen und zu kontrollieren.

Selbstdisziplin ist für alle Kinder von großer Bedeutung, da sie lernen müssen, ihre eigenen Bedürfnisse und Wünsche zurückzustellen, um übergeordnete Ziele zu erreichen, und vor allem, um sich vor Medien-, Alkohol-, Konsum-, Drogensucht oder Überlastung und Ausbeutung der eigenen Ressourcen zu schützen.

Im schulischen und später beruflichen Umfeld ist Selbstdisziplin besonders wichtig, da Kinder Selbstverantwortung übernehmen müssen, um ihre Hausaufgaben und später in der Sekundarstufe auch Aufgaben und Projekte rechtzeitig zu erledigen, ihre Konzentration aufrechtzuerhalten, Prioritäten zu setzen und Ablenkungen zu vermeiden. Sich selbst zu disziplinieren, ist für viele Kinder und Jugendliche eine echte Herausforderung, insbesondere in dieser schnelllebigen Welt mit ihren vielen Ablenkungen, z. B. durch soziale Medien, Smartphone, Internet oder Substanzen wie das kürzlich freigegebene Cannabis.

Eltern, Kindertagespflegepersonen, pädagogische Fachkräfte und Lehrkräfte spielen daher schon früh eine wichtige Rolle, um Kindern zu helfen, Selbstdisziplin zu entwickeln. Daher ist es essenziell, klare Erwartungen zu formulieren, Grenzen zu setzen und die Kinder anzuleiten, mehr noch, ihnen immer wieder aufs Neue vorzuleben, Verantwortung für die eigenen Handlungen und Entscheidungen zu übernehmen, bei gleichzeitigem Freiraum für Entfaltung und den eigenen Willen.

Lob, Ermutigung und positive Verstärkung sowie eine fehlerfreundliche (Lern-)Atmosphäre sind dafür ein wichtiger Nährboden und tragen dazu bei, die Motivation der Kinder für Selbstdisziplin zu steigern. **Wachsame Sorge, offene Aufmerksamkeit, Geduld und echtes Interesse am Kind sind ebenfalls grundlegend, da die Entwicklung von Selbstdisziplin ein schrittweiser Prozess ist und Zeit erfordert.**

Eltern, pädagogische Fachkräfte und Lehrkräfte haben dabei eine Schlüsselrolle inne, da sie die Grundsteine legen und Vorbilder sowie natürliche Autoritäten für Kinder darstellen, an denen sich diese orientieren und von denen sie bestimmte Verhaltensweisen abschauen können. Die Möglichkeit zur frühen Partizipation und Beteiligung der Kinder bei Entscheidungsprozessen ist dabei genauso wichtig wie das Einfordern von Absprachen und Verantwortlichkeiten, also das Führen der Kinder. Auch sollten Erwachsene Kindern helfen, Ziele zu entwickeln, und sie dann dabei unterstützen, diese auch zu erreichen, auch und vor allem wenn es Rückschläge gibt, denn die gehören ganz natürlich auf dem Weg zum Ziel bzw. Erfolg dazu.

Insgesamt ist die Ausbildung von Selbstdisziplin bei Kindern ein wichtiger Bestandteil ihrer persönlichen Entwicklung, daher möchten wir der Disziplin dieses Buch widmen und alle pädagogischen Fachkräfte, Lehr- und Führungskräfte, Ausbilder:innen und Fachlehrer:innen, vor allem jedoch Eltern einladen, sich mit diesem Thema proaktiv auseinanderzusetzen. Betrachten Sie dieses Buch als ein Impuls- und Reflexionsbuch, um über die eigene Haltung nachzudenken, wie z. B.: Sind Sie eine natürliche Autorität? Hat Disziplin eine wichtige Bedeutung in Ihrem Leben? Und wenn ja, welche? Sind Sie ein gutes Vorbild für Disziplin? Und wenn ja, wie wird das im Alltag deutlich? Leben Sie Disziplin und darüber hinaus auch noch andere Werte vor, die Ihnen wichtig sind? Und wenn ja, wie?

Selbstdisziplin als Motor für Entwicklung

Selbstdisziplin ermöglicht es Kindern, ihre Ziele zu erreichen, ihre Fähigkeiten zu stärken und ihr Selbstvertrauen aufzubauen, was wiederum eine positive Wirkung auf ihr Wohlbefinden und später auch ihre schulischen und beruflichen Leistungen hat. Dabei spielt auch die Anstrengungs- und Leistungsbereitschaft eine wichtige Rolle.

Anstrengungsbereitschaft und Erfolg sowie Lernfreude und Spaß an der eigenen Leistung hängen eng miteinander zusammen. Die Lernfreude und der Spaß sind im Allgemeinen gern gesehen, die Anstrengungs- und Leistungsbereitschaft eher weniger, wirken sie doch eher wie ein Relikt aus den 1950er Jahren. Dabei zeigen uns schon Kleinstkinder auf, wie diszipliniert sie einen Turm immer wieder aufbauen, auch wenn er zum sechsten oder siebten Mal umfällt. Ihnen macht es einfach Freude, die Klötze immer wieder zu stapeln, so lange, bis sie endlich halten und der Turm steht. Denn jetzt, am Ende des Tuns, wartet das Wichtigste und Schönste – der Glücksmoment –, verbunden mit dem Stolz über die eigene Leistung, die spür- und sichtbar wird. Selbstwirksamkeit nennen es die einen, gelebte Anstrengungs- und Leistungsbereitschaft die anderen, und wieder andere heben die Selbstdisziplin des kleinen Kindes hervor, das sich aus sich selbst heraus, also intrinsisch motiviert, mit den Klötzen beschäftigt und diese immer und immer wieder stapelt.

Doch warum hat die Disziplin dann in unserer Gesellschaft, in vielen Familien und manchmal auch in der Bildung, beispielsweise in der Schule, oft einen so schlechten Ruf? Warum wird sie mit Gehorsam, Zucht und Ordnung gleichgesetzt und gerät dadurch in die »Schmuddelecke«? Dabei ist die Disziplin doch der Motor für Lern- und Bildungsprozesse, da sie sich aus der Anstrengungsbereitschaft, also der Lust sich anzustrengen, um Herausforderungen zu meistern, nährt.

Disziplin – der Blick über den Tellerrand

Vergleicht man uns mit anderen Ländern, wird deutlich, dass dies nicht überall so gesehen wird und die Disziplin häufig einen ganz anderen Stellenwert hat. An dieser Stelle können wir verständlicherweise keinen umfassenden Vergleich weltweit ziehen, betrachten jedoch als kleinen Exkurs zu Beginn exemplarisch vier Länder aus verschiedenen Kontinenten, nämlich Singapur, Finnland, Deutschland und Japan. Jedes dieser Länder hat ein einzigartiges Bildungssystem, das seinen Kindern/Schülern unterschiedliche Lehransätze und Werte, darunter auch die Disziplin, vermittelt.

Singapur hat sich durch seine hervorragenden Ergebnisse in den PISA-Studien international einen Namen gemacht. Das Bildungssystem Singapurs legt einen starken Fokus auf die Grundlagen und eine hohe Lehrkräftequalität. Disziplin wird als fundamentaler Bestandteil betrachtet, um Schülern eine solide Grundausbildung zu vermitteln und sie auf komplexe Herausforderungen vorzubereiten. **Das Land betont auch die Bedeutung der frühkindlichen Bildung und bietet gezielte Unterstützung für Kinder mit besonderen Bedürfnissen an.** Elternbeteiligung wird gefördert, um eine ganzheitliche Unterstützung der Kinder zu gewährleisten.

Finnland hat ein innovatives Bildungssystem, das sich durch seine kreative und gleichzeitig disziplinierte Lernumgebung auszeichnet. In der Schule gibt es neben der eigentlichen Lehrperson oft mehr als zwei Lernunterstützer in einer Klasse. Zudem gibt es keine standardisierten Tests und keine formellen Noten bis zum Alter von 14 Jahren. Stattdessen **liegt der Schwerpunkt auf intrinsischer Motivation, Selbstregulierung und sozialer Kompetenz.** Lehrende in Finnland genießen einen hohen Status und haben viel pädagogische Freiheit, um den Unterricht individuell auf die Bedürfnisse der Lernenden abzustimmen. Disziplin wird hier eher als Fähigkeit zur Selbstregulierung und zur Zusammenarbeit mit anderen verstanden.

In **Deutschland** steht Disziplin mal mehr, mal weniger, je nach Bundesland, Kita- und Schulkonzept, im Vordergrund. Das Bildungssystem in Deutschland **betont zudem die Rolle der Lehrkraft als Autoritätsperson und Wissensvermittler und hat daher klare Erwartungen an den »Output«.** Auch hat man deutliche Vorstellungen mit Blick auf das Verhalten der Lernenden. In einigen Ländern Deutschlands liegt ein starker Fokus auf dem Erwerb von grundlegenden Kompetenzen, ähnlich wie in Singapur. In anderen Ländern gibt es eine stärkere Betonung der Selbstregulierung und individuellen Interessen der Lernenden, ähnlich wie in Finnland.

In **Japan** gibt es eine **extrem ausgeprägte Kultur der Disziplin und des Respekts gegenüber Lehrkräften und Autoritätspersonen.** Schüler lernen, pünktlich zu sein, Regeln zu befolgen und sich in der Gemeinschaft unterzuordnen und gleichsam zu engagieren. Individualität und persönliche Bedürfnisse und Interessen werden eher vernachlässigt. **Das Bildungssystem betont vor allem das Memorieren und das Lernen von Fakten,** was zu einem starken Fokus auf akademische Leistungen führt. Es gibt auch eine große Unterstützung für Lernende mit besonderen Bedürfnissen und eine enge Zusammenarbeit zwischen Lehrkräften, Schülern und Eltern.

Obwohl diese Länder unterschiedliche Ansätze in Bezug auf Disziplin in der Bildung verfolgen, haben sie alle das gemeinsame Ziel, ihre Schüler auf einen erfolgreichen Lebensweg vorzubereiten. Die Erfolge Singapurs in den PISA-Studien zeigen, dass eine klare Struktur und hohe Erwartungen an die Lernenden zu herausragenden Ergebnissen führen können, ähnlich wie in Japan. Zu hinterfragen ist, ob die Kinder zu glücklichen Individuen heranreifen dürfen und vor allem sollen, oder ob der Fokus eher auf Unterordnung und Leistungserbringung liegt.

Der Weg Finnlands zeigt, dass **eine auf intrinsischer Motivation basierende Bildung die Kreativität und das kritische Den-**

ken der Lernenden fördert und sich unterschiedlichste Talente herausbilden können. Japan sieht Disziplin als Grundlage für eine erfolgreiche Bildung und persönliche Entwicklung. Deutschland will eigenverantwortliches Lernen und kritisches Denken fördern, scheitert jedoch an oft schlechten Rahmenbedingungen, Fachkräftemangel und einem veralteten Schulsystem, welches die hohe Heterogenität der Schülerschaft nur wenig bis gar nicht beachtet, was auch durch die Ergebnisse in der PISA-Studie im Jahr 2023 mehr als deutlich wurde.

Die Leistungsbereitschaft stirbt langsam, Tag für Tag ein bisschen mehr.

Mit Blick auf die letzten Jahre und vor allem auch auf andere Länder muss ein leistungsfähiges Bildungssystem finanziell gut aufgestellt sein, um vielfältige Lehr- und Förderansätze anbieten zu können. Es sollte sich darüber hinaus an den Stärken erfolgreicher Länder orientieren und effektive unterstützende Modelle adaptieren sowie einen breiten Methodenmix einbeziehen. Eine solide finanzielle Basis ist ebenfalls entscheidend, um Bildungseinrichtungen angemessen auszustatten und attraktive Arbeitsbedingungen für motivierte pädagogische Fachkräfte zu schaffen, damit diese in der Lage sind, neben fachlichen Inhalten auch essenzielle Schlüsselqualifikationen zu vermitteln. Weiterhin ist es von Bedeutung, dass Eltern, pädagogische Fachkräfte und Lehrpersonen die Rolle von Disziplin als Erfolgsfaktor für das Leben wieder anerkennen und von Beginn an Maßnahmen zur Förderung der Selbstregulierung und Disziplin bei Kindern unterstützen. Auch kann, wie gerade schon erwähnt, durch die Übernahme bewährter Praktiken aus anderen Ländern unser Bildungssystem fortlaufend verbessert und zukunftsorientierter gestaltet werden, um sicherzustellen, dass jedes Kind die bestmögliche Unterstützung erhält, um sein ganzes Potenzial entfalten zu können. Nur so erreichen wir eine echte Chancengerechtigkeit.

Mit Blick auf die Zukunft der Kinder und die damit verbundenen Herausforderungen, nicht nur in der Schule, sondern vor allem im gesamten späteren Leben, möchten wir dieses Buch nutzen, um allen Erziehungsverantwortlichen, Lehr- und Führungskräften, Ausbilderinnen und Berufsschullehrern sowie pädagogischen Fachkräften und Tagespflegepersonen Mut zu machen, die Disziplin neu zu entdecken, um den Kindern und Jugendlichen Anstrengungs- und Leistungsbereitschaft wieder zuzumuten. Das Leben im Hier und Jetzt, vor allem aber in der Zukunft, wird viele neue Herausforderungen bereithalten. Es gilt, sich jetzt dafür zu wappnen. Doch welche Voraussetzungen sind notwendig, damit Kinder sich gern anstrengen, um erfüllt zu leben und glücklich zu werden? Denn je höher die Lernfreude und positive Einstellung zur Anstrengungsbereitschaft, desto besser wird auch meistens die Leistung der Kinder sein.

Mut zur neuen Autorität

Schon seit vielen Jahren spielt sich ein pädagogisches Dilemma ab: »Die Erziehung in den noch bestehenden Familien verdient immer weniger den Namen Erziehung, denn sie wird nicht mehr von einem familienübergreifenden Konsens getragen; die einen erziehen ihre Kinder nach Grundsätzen, die anderen folgen den Launen der Zeit. Vor fünfzig Jahren konnte ein Beobachter noch einen gültigen Erziehungsstil der Gesellschaft und ein klares Menschenbild erkennen. **Heute dominiert Individualität in der Erziehung – wie in der Gesellschaft insgesamt.** Darüber hinaus verfällt die Familie zunehmend. Gleichgültigkeit und Beliebigkeit prägen den Erziehungsstil vieler ›Erziehungsberechtigter‹«, so Bernhard Bueb in seinem Buch »Lob der Disziplin – eine Streitschrift« (Bueb 2008, S. 125).

Inzwischen ist eine neue Elterngeneration herangewachsen, die es auch wie die Generationen davor gut machen will, jedoch häufig an Grenzen stößt und das Einfordern von Disziplin und Anstrengungsbereitschaft oft vernachlässigt oder bewusst vermeidet, um Konflikten mit den Kindern aus dem Weg zu gehen. Auch fehlt manchmal ein klarer Erziehungsstil, sodass aus vielen Kindern Jugendliche werden, die eine hohe Anspruchshaltung entwickeln und die eigene Individualität und die damit verbundene Bedürfnisbefriedigung über alles stellen. Ein Konzept von Selbstdisziplin besitzen viele nur schwach ausgeprägt bis gar nicht.

Disziplin beginnt immer fremdbestimmt und sollte selbstbestimmt enden, so Bernhard Bueb (2008). Doch ist das immer so?

Und wenn ja, wie kann man ein Konzept dafür entwickeln, wenn die Disziplin verpönt ist und die Forderung nach Anstrengungsbereitschaft in der Erziehung von Kindern nicht mehr vorkommt? In diesem Buch widmen wir uns facettenreich der Disziplin, Selbstdisziplin und Anstrengungsbereitschaft und laden alle an Erziehung Interessierte ein, sich mit unseren Impulsen, Ideen, Thesen, Tipps und vor allem Reflexionsfragen auseinanderzusetzen. Wir wünschen Ihnen viele »Aha«-Erlebnisse.

Ihre Ursula Günster-Schöning und Isabella Gölles

Die Struktur des Buches

Dieses Buch ist als Impulsbuch und Reflexionshilfe konzipiert, um die Bedeutung von (Selbst-)Disziplin als zentrale Zukunftskompetenz hervorzuheben und sie wieder verstärkt in den Fokus pädagogischer Arbeit zu rücken. Die Entwicklung der Persönlichkeitsmerkmale »Willensstärke« oder »Selbstdisziplin« geschieht nicht zufällig. Eltern, Erzieher und Lehrkräfte spielen eine entscheidende Rolle dabei, den Kindern auf ihrem Weg in die Zukunft zu ermöglichen, diese essenziellen Fähigkeiten zu entwickeln.

Das Buch gliedert sich in drei Hauptabschnitte:

Im **ersten Abschnitt** widmen wir uns dem Konzept der Disziplin und ihrer historischen Entwicklung. Wir betrachten Disziplin aus einer übergeordneten Perspektive und diskutieren die damit einhergehenden Werte. Hierbei wird Disziplin als Grundstein für einen erfolgreichen Lebenspfad thematisiert.

Der **zweite Abschnitt** betrachtet Disziplin in verschiedenen Bereichen, wie zum Beispiel in der Resilienzentwicklung, im Gesundheitswesen und in Bezug auf Effizienz. Wir erforschen die Verbindung von Disziplin mit positiver Aggression und deren Rolle als Antriebskraft für das Selbstwertgefühl. Es geht um die Bedeutung von Bereitschaft zur Anstrengung, Fleiß, Stärke, Mut, Willenskraft und den Umgang mit Rückschlägen.

Im **dritten Abschnitt** fokussieren wir uns darauf, wie Disziplin auf positive Weise in unser Leben integriert werden kann. Wir möchten aufzeigen, wie und wann die Fähigkeit zur Anstrengung erlernt wird und inwiefern die Pädagogik dabei Anregungen aus dem Bereich des Leistungssports aufnehmen könnte. Disziplin als alltäglicher Wert und Schlüsselkompetenz für die Zukunft steht hier im Mittelpunkt.

Obwohl wir empfehlen, das Buch von Anfang bis Ende zu lesen, steht es Ihnen frei, an jedem Punkt, der Ihr Interesse weckt, zu beginnen. Wir haben uns bemüht, die Inhalte praxisnah zu gestalten, um Motivation für die Auseinandersetzung mit den Reflexionsfragen zu schaffen. Die Beschäftigung mit dem Buchinhalt allein kann bereits viel Wissen vermitteln, besonders für unerfahrene Praktiker. Dennoch ermutigen wir alle, sich aktiv mit den Reflexionsfragen auseinanderzusetzen und den Dialog mit Kollegen, Eltern oder anderen Erziehungsinteressierten zu suchen.

An manchen Stellen im Buch werden Sie dazu aufgefordert, sich kritisch mit den Inhalten zu befassen, indem Sie Ihre Ansichten zu bestimmten Themen notieren sollen. Diese Aufforderungen dienen der Reflexion und sollen zeigen, dass kritisches Hinterfragen ein normaler Prozess ist. Ziel ist es, eine persönliche Haltung zu den Themen zu entwickeln, um fundierte Standpunkte zu verschiedenen Aussagen und Ideen zu haben. Unsere Haltung beeinflusst unser Handeln – es ist daher wichtig, die eigene Haltung regelmäßig zu reflektieren und mit der von Kollegen und anderen Personen im Bildungswesen abzugleichen.

Die Zielgruppe des Buches

Dieses Buch ist für Menschen, die führen, erziehen oder Kinder und Jugendliche auf ihrem Weg begleiten (wollen), geschrieben. Für Menschen, die mit Kindern und Jugendlichen leben, mit ihnen lernen oder sie unterrichten, die sich und andere inspirieren oder sich weiterentwickeln möchten. Für Menschen, die sich auf den Weg machen wollen, um pädagogische Fachkraft in einer Kita zu werden, als Lehrperson in einer Schule zu arbeiten oder als Führungskraft tätig zu werden oder es schon sind.

Dieses Buch geht weit über traditionelle Vorstellungen von Disziplin hinaus und zeigt, wie sie in der heutigen schnelllebigen Welt eine unverzichtbare Fähigkeit für persönliches Wachstum und Erfolg darstellt. Es ist eine Einladung an all jene, die in einer Zeit voller Ablenkungen und ständigen Wandels nicht nur überleben, sondern wirklich florieren möchten. Durch Reflexionsfragen, Fallbeispiele und inspirierende Geschichten wird Ihnen gezeigt, wie Sie Disziplin nutzen können, um Kindern und Jugendlichen gelingendes Aufwachsen zu ermöglichen, damit sie als Erwachsene ihre Ziele erreichen, ihre Träume verwirklichen und eine tiefere Zufriedenheit in ihrem Leben und ihrer Arbeit finden können. »Disziplin – Schlüsselkompetenz des einundzwanzigsten Jahrhunderts« ist nicht nur ein Buch; es ist ein Wegweiser für jeden, der bereit ist, seine Grenzen zu erweitern und sein volles Potenzial zu entfalten.

Um Leserinnen und Leser gleichermaßen anzusprechen, werden zwei Formen einer geschlechtergerechten Sprache angewendet: Entweder werden beide Geschlechter mit Doppelpunkt genannt oder es erfolgt eine durchmischte Nennung (Randomisierung), in der einmal die weibliche, ein anderes Mal die männliche Form gebraucht wird. Neutrale Begriffe wie Eltern, pädagogische Fachkräfte, Lehrkräfte, Schulleitung, Kinder, Jugendliche bezeichnen keine konkrete Person und werden daher ohne Differenzierung der Geschlechter verwendet.

Die Icons im Buch

Wir haben dieses Buch als ein Impuls- und Reflexionsbuch gestaltet, daher finden Sie in verschiedenen Kapiteln bestimmte Icons:

Der Kopf weist darauf hin, dass nun Reflexionsfragen kommen. Sie sind dazu eingeladen, diese zu beantworten oder darüber nachzudenken.

Der Stift lädt Sie in dem jeweiligen Kapitel ein, eigene Gedanken oder Ideen zu notieren und sich kritisch mit dem vorangegangenen Inhalt auseinanderzusetzen.

Tipps, Ideen und Ratschläge, die wir für Sie zusammengestellt haben: Dafür steht das Kinder-Icon.

Die Gesprächsrunde steht für ein Praxisbeispiel, welches wir exemplarisch eingefügt haben, um das Beschriebene zu verdeutlichen.

Die Sprechblase steht für ein Statement einer interviewten Person.

Teil 1

Abb. 1: Domino-Steine

*»Der Unterschied zwischen dem, was du hast,
und dem, was du gerne hättest, nennt sich Disziplin.«*
Marianne Weit[2]

2 https://psychologie-einfach.de/beste-zitate-disziplin/ [letzter Aufruf: 21.05.2024].

Disziplin

Disziplin, die

SUBSTANTIV, FEMININ

A: das Einhalten von bestimmten Vorschriften, vorgeschriebenen Verhaltensregeln o.Ä.; das Sich-Einfügen in die Ordnung einer Gruppe, einer Gemeinschaft;

B: das Beherrschen des eigenen Willens, der eigenen Gefühle und Neigungen, um etwas zu erreichen.[3]

Andere Wörter für Disziplin: Beherrschtheit, Beherrschung, Kontrolle, Selbstbeherrschung, Selbstdisziplin, Selbstkontrolle, Ordnung, Zucht (veraltet).[4]

Die Wortbedeutung

Der Begriff »Disziplin« stammt von dem lateinischen Wort *disciplina,* was ursprünglich *Unterweisung* oder *Lehre* bedeutete. Das Wort ist eng verwandt mit *discipulus,* dem lateinischen Wort für *Schüler* oder *Lernender,* was darauf hinweist, dass die ursprüngliche Bedeutung von Disziplin stark mit dem Prozess des Lernens und der Bildung verknüpft war. *Disciplina* bezog sich also auf die Lehre und die Praktiken, durch die Wissen und Fähigkeiten von einer Generation zur nächsten übertragen wurden, sowie auf die Ordnung und Regeln, die diesem Prozess zugrunde lagen und ihn strukturierten.

Mit der Zeit hat sich die Bedeutung von Disziplin erweitert und umfasst nun auch die Konzepte von Ordnung, Kontrolle, Regulierung und Selbstbeherrschung. Diese Entwicklung spiegelt die historische Ausweitung des Begriffs von einem engen Fokus auf Bildung

3 https://www.duden.de/rechtschreibung/Disziplin [letzter Aufruf: 07.08.2023].

4 Ebd.

und Lehre hin zu einem breiteren Verständnis, das die Selbstregulierung und das Verhalten in verschiedenen Lebensbereichen einschließt. **Trotz dieser Erweiterung bleibt der Kerngedanke der Disziplin als Mittel zur Strukturierung und Verbesserung des menschlichen Verhaltens und somit Lebens und zur Förderung des Lernens und persönlichen Wachstums bestehen.** Die etymologische Wurzel des Wortes betont die Bedeutung von Lernen und Entwicklung als zentrale Aspekte der Disziplin.

Disziplin ist somit ein vielschichtiger Begriff, der in verschiedenen Kontexten unterschiedliche Bedeutungen haben kann. Im Allgemeinen bezieht sich Disziplin auf die Praxis der Selbstkontrolle, die es Individuen ermöglicht, ihre Gedanken, Gefühle und Handlungen zu regulieren, um bestimmte Ziele oder Standards zu erreichen. Sie ist sowohl ein individuelles als auch ein kollektives Phänomen, das in Bildungseinrichtungen, an Arbeitsplätzen und bekannterweise auch in militärischen Organisationen eine zentrale Rolle spielt.

Die Historie hinter dem Begriff

Historisch gesehen hat sich das Konzept der Disziplin parallel zum Fortschritt menschlicher Gesellschaften entwickelt. In der Antike wurde Disziplin oft mit der Ausbildung von Soldaten assoziiert, wobei der Schwerpunkt auf körperlicher Fitness, Ordnung und Gehorsam lag. Mit der Zeit erweiterte sich die Bedeutung des Begriffs auf die Erziehung und Ausbildung von Kindern und Jugendlichen, wobei der Fokus auf der Vermittlung von Werten, Moral und Wissen lag. Auf Seite 44 gehen wir vertiefend auf die Historie des Begriffs ein, denn es lohnt sich zu lesen, wie er sich im Laufe der Zeit verändert hat.

Heute wird Disziplin in einem breiteren Sinne verstanden und umfasst die Fähigkeit eines Individuums, Impulse zu kontrollieren, Ausdauer zu zeigen und sich an soziale und allgemeingültige Normen zu halten. In pädagogischen Kontexten wird Disziplin oft als wesentlicher Bestandteil des Lernprozesses angesehen, da sie Kinder und vor allem Schüler und Jugendliche dazu befähigt, Aufmerksamkeit zu fokussieren, Lernziele zu verfolgen und erfolgreich Wissen und Fähigkeiten zu erwerben.

Die soziologische Perspektive auf Disziplin wurde maßgeblich von Michel Foucault geprägt, der in seinem Werk »Überwachen und Strafen« die Entwicklung der Disziplinargesellschaft und die Mechanismen der Macht, die durch Disziplin ausgeübt werden, untersucht. Foucault (1975) argumentiert, dass Disziplin in modernen Gesellschaften nicht nur durch direkte Kontrolle und Bestrafung, sondern auch durch subtilere Formen der Überwachung und Selbstregulierung wirkt.

In der Psychologie wird Disziplin oft im Zusammenhang mit Konzepten wie Selbstregulierung, Willenskraft und Motivation untersucht. Forschungen in diesem Bereich zeigen, dass Disziplin eng mit Erfolg in verschiedenen Lebensbereichen verbunden ist und durch verschiedene Techniken und Strategien gefördert werden kann (Foucault 1975).

Auch lässt sich Disziplin in **zwei Hauptkategorien** unterteilen: intrinsische und extrinsische Disziplin. Diese Unterteilung erweitert unser Verständnis darüber, wie Disziplin individuell und kollektiv motiviert und aufrechterhalten wird.

Intrinsische Disziplin

bezieht sich auf die Selbstmotivation und Selbstregulierung, die von inneren Werten, Interessen und Zielen einer Person angetrieben wird. Diese Form der Disziplin entsteht aus dem persönlichen Wunsch heraus, bestimmte Fähigkeiten zu entwickeln, Wissen zu erwerben oder Ziele zu erreichen, unabhängig von externen Anreizen oder Bestrafungen. Personen mit hoher intrinsischer Disziplin finden oft in der Aufgabe selbst oder in der persönlichen Befriedigung, die sie aus der Ausführung der Aufgabe ziehen, eine Belohnung. **Die Forschung zeigt, dass intrinsisch motivierte Menschen tendenziell eine höhere Ausdauer haben, kreativer sind und langfristig erfolgreichere Lernergebnisse erzielen.**

Extrinsische Disziplin

hingegen wird durch äußere Anreize wie Belohnungen, Strafen oder den Druck von sozialen Gruppen oder Autoritäten gefördert. Diese Form der Disziplin ist oft mit der Einhaltung von Regeln und dem Streben nach Anerkennung oder Vermeidung von negativen Konsequenzen verbunden. Obwohl extrinsische Motivatoren effektiv sein können, um kurzfristige Ziele zu erreichen oder grundlegende Verhaltensnormen zu etablieren, argumentieren viele Expert:innen, dass eine übermäßige Abhängigkeit von extrinsischen Anreizen die Entwicklung der intrinsischen Motivation behindern und die Langzeitwirkung auf die Selbstregulierung und das Engagement eines Menschen einschränken kann. Dies ist auch im Kontext der Erziehung ein wichtiger und relevanter Faktor.

Die Balance zwischen intrinsischer und extrinsischer Disziplin ist entscheidend für die effektive Entwicklung und Aufrechterhaltung von diszipliniertem Verhalten.

In Kindertagesstätten und Schulen wird zunehmend versucht, Lernumgebungen zu schaffen, die intrinsische Motivation fördern, indem Interessen und Stärken der Kinder und Schülerinnen sowie Jugendlichen berücksichtigt, Autonomie unterstützt und sinnvolle, relevante Lernerfahrungen ermöglicht werden. Gleichzeitig können angemessene extrinsische Anreize wie z.B. Verstärkerpläne, Selbstlernhilfen, Buddy-Systeme, Wenn-Dann-Absprachen oder Ermutigungschecklisten dazu beitragen, Engagement zu initiieren oder zu erhalten, besonders in Phasen, in denen die intrinsische Motivation allein nicht ausreicht.

Zusammenfassend können wir sagen, dass sowohl intrinsische als auch extrinsische Disziplin wichtige Rollen in der Entwicklung und Aufrechterhaltung von (selbst-)diszipliniertem Verhalten spielen. Die Kunst liegt wie so oft darin, ein Gleichgewicht zu finden, das Individuen nicht nur dazu bringt, den Anforderungen des Augenblicks gerecht zu werden, sondern sie auch dazu befähigt, ihre persönlichen und beruflichen Ziele aus eigenem Antrieb zu verfolgen und zu erreichen.

Reflexionsfragen:

- Was bedeutet für Sie Disziplin?
- Wie würden Sie den Begriff definieren bzw. erklären?
- Wie bewerten Sie die intrinsische oder extrinsische Disziplin in Ihrem Leben? Sind die Anteile ausgeglichen oder dominiert ein Bereich?
- Welche schwierigen Situationen oder Herausforderungen haben Sie schon in Ihrem Leben gemeistert? War eine der beiden Kategorien (intrinsische/extrinsische Disziplin) dabei hilfreich? Wenn ja, welche und warum?

Disziplin – einen alten Begriff neu denken

Disziplin bezieht sich auf die Fähigkeit, sich selbst zu organisieren, Regeln und Standards einzuhalten und die nötige Kontrolle über sich selbst zu haben, um Ziele zu erreichen. Sie ist eine innere Stärke, die es einer Person ermöglicht, sich auf eine Aufgabe zu konzentrieren, unabhängig von Ablenkungen oder Schwierigkeiten. Oft wird die Selbstdisziplin auch als Willensstärke oder innere Kraft beschrieben. Sie umfasst die Fähigkeit, sich an einen Zeitplan zu halten, Verantwortung zu übernehmen und die erforderlichen Maßnahmen zu ergreifen, um ein Ziel zu erreichen, auch wenn dieses unbequem oder herausfordernd sein kann. Disziplin beinhaltet oft auch die Bereitschaft, unangenehme Aufgaben anzugehen und trotz Ablenkungen oder Schwierigkeiten auf Kurs zu bleiben. **Disziplin ist ein entscheidender Faktor für die Erreichung von Zielen und für das effiziente Nutzen von Ressourcen.** Im Gegensatz zur Disziplin bezieht sich die Selbstdisziplin immer auf eigene Werte, Regeln, Glaubenssätze und Willenskraft.

Praxisbeispiel:

Henry ist ein aufgewecktes Vorschulkind. Manche würden sagen, er schießt gern mal über das Ziel hinaus, andere würden sagen, er kann sich für vieles schnell begeistern. Was jedoch Außenstehenden immer schnell auffällt, wenn sie Henry beobachten, ist, dass er sich oft »festbeißen« kann. Henry gibt nicht auf. Er macht grundsätzlich so lange weiter, bis er es genauso erreicht hat, wie er es sich vorgestellt hat. Kein Weg scheint ihm dann zu steinig oder schwer, keine Aufgabe zu anstrengend. Dabei ist Henry kein Überflieger oder ein besonders gesegnetes Kind. Er kam 6 Wochen zu früh auf die Welt, musste sich immer anstrengen und im Gegensatz zu anderen Kindern »doppelt« arbeiten, indem er aufholen musste, was andere durch die normale Dauer der Schwangerschaft mitbrachten, und parallel musste er sich wie die anderen auch weiterentwickeln, also lernen, wie z. B. Laufen oder Sprechen funktioniert. Mit vier Jahren katapultiert ihn dann ein schwerer Unfall wieder aus der Bahn, und er erholt sich nur schleppend. Und dennoch zeichnet Henry sich durch seine enorme Disziplin aus. Was er will, will er! Und so geht er jede neue Herausforderung an, diszipliniert, fleißig und mitunter auch mit enormem Kraftaufwand. Hilfe von außen lehnt er in solchen Momenten ab. »Nein, ich kann das allein«, ist dann sein Credo, was er mitunter auch wutschnaubend in den Raum hineinbrüllt. Aber es scheint zu helfen. Was er sich vornimmt, setzt er auch um.

Das musste Henry lernen, so Judith Schnacke (34), Henrys Mutter. Ich meine, dass Henry sich durchbeißen muss. Dass ihm keiner was schenkt. Dass Erfolg durch Schweiß, Tränen, Fleiß und Disziplin, vor allem aber auch durch Niederlagen erreicht wird. Mir brach es manchmal das Herz, ihn so zu sehen, wenn er weinte, nicht mehr weitermachen wollte, sauer auf sich und die Welt war. Und was wollen Sie dann einem Viereinhalbjährigen sagen, wenn der Sie fragt: »Warum muss ich die blöde Übung noch mal machen?« Weil du Pech hattest. Weil du zur falschen Zeit am falschen Ort warst. Weil du dein Fahrrad nicht gut und sicher lenken konntest. Weil ich als Mutter die Gefahr zu spät gesehen habe. Nein, das sagen Sie nicht. Sie sagen: »Weil dein Bein dann wieder kräftig wird. Weil du dann auch wie die anderen Jungen wieder schnell laufen kannst. Weil es sein muss. Also, Tränen abputzen und weiter geht's.«

In vielen Familien und oft auch im erzieherischen Alltag der Kita oder Schule wird die Disziplin leider immer noch oft negativ besetzt, da sie nach Zucht, Ordnung und Drill klingt und mit »Reiß-dich-zusammen«-Äußerungen oder »Streng-dich-an«-Appellen verwechselt wird. Auch der Fleiß wird oft als Disziplin deklariert, dabei geht es beim Fleiß vielmehr um eine starke Arbeitsmoral und den Einsatz von Anstrengungen und Energie, um eine Aufgabe – zeitnah und von guter Qualität – zu erledigen. Fleiß ist die Bereitschaft, »hart«, also mit viel Durchhaltevermögen und oft auch körperlicher Anstrengung, zu arbeiten und sich mit »aller Kraft« und »heißem Herz« für eine Sache einzusetzen, um Erfolg zu erzielen, um etwas zu erreichen. Fleiß ist in der Regel, wie gerade schon erwähnt, oft mit einem hohen Maß an Ausdauer und einem starken Arbeitsethos verbunden.

Reflexionsfragen:

- Wie definieren Sie Fleiß?
- Wann waren Sie das letzte Mal so richtig fleißig und warum?
- Wie hat es sich angefühlt, fleißig zu sein? Und was war hinterher, nach dem Fleiß, anders?
- Wer oder was hat Sie in Ihrer Kindheit inspiriert, fleißig zu sein?
- Ist »fleißig sein« für Sie eher positiv oder negativ besetzt?

Anstrengungsbereitschaft versus Persönlichkeit

Kinder kommen als individuelle Persönlichkeiten mit Potenzialen und besonderen Charaktereigenschaften zur Welt. Schnell stellt sich dann heraus, welches Temperament das jeweilige Kind hat: Was bringt es zum Lachen, was zum Weinen? Wie gut kann es mit Veränderungen umgehen, lässt es sich schnell auf Neues ein, braucht es viel Zuspruch und Unterstützung, ist es eher wagemutig oder ängstlich, gibt es schnell auf, wenn es frustriert ist, oder »beißt es sich durch«, trotzt Scheitern, Widerständen oder Schwierigkeiten, und gibt es auch bei Rückschlägen nicht auf? Wie wird sich das Kind weiterentwickeln? Wird es bereit sein, sich engagiert einzubringen, seine Meinung zu sagen, sich anzustrengen, wenn es auf Widerstände oder Probleme stößt, oder wird es schnell die »Flinte ins Korn werfen« und aufgeben? Wird es eine selbstbewusste, stabile, starke Persönlichkeit? Oder wird es Widerständen, Herausforderungen oder auch Konflikten eher aus dem Weg gehen? Wird es sein Verhalten an die unterschiedlichen Situationen anpassen, gar regulieren können, um eine Situation wieder in den Griff zu bekommen? Wird es sich selbst disziplinieren können, also seine eigenen Wünsche und Bedürfnisse zurückstellen können, um (s)ein Ziel zu erreichen?

»Als exekutive Funktionen bezeichnet man geistige Fähigkeiten, die unser Denken und Handeln steuern. Man spricht dabei auch von der Selbstregulationsfähigkeit, der Willenskraft oder der Selbstdisziplin. Sie beschreiben, wie gut wir uns ›im Griff‹ haben«, so Manfred

Spitzer, Neurobiologe und Gesamtleiter des ZNL TransferZentrums für Neurowissenschaften und Lernen (Walk/Evers 2013, S. 5). Er betont, dass Kinder dies ab ca. viereinhalb bis fünf Jahren lernen können. Neben der Hirnforschung setzt sich vor allem aber die Persönlichkeitsforschung mit genau diesen Fragen auseinander.

Was macht uns zu uns? Was ist in unserer Persönlichkeit angeboren, was ist anerzogen und wie viel Einfluss nehmen Umfeld, Kultur und Erziehung auf die Persönlichkeit eines Menschen? **Und warum sind Geschwister trotz gleicher Umgebung und Erziehung so verschieden?** Selbst eineiige Zwillinge haben oft sehr unterschiedliche Persönlichkeiten und entwickeln sich individuell, trotz der starken Verbundenheit zueinander und frappierender äußerlicher Ähnlichkeiten. Spannend ist, dass es bis jetzt keine eindeutigen Antworten auf all diese Fragen gibt.

Dennoch setzt die Wissenschaft nach und nach verschiedene Teile zu einem großen Ganzen zusammen und ergänzt diese mit Erkenntnissen aus der Psychologie. Und so **setzt sich die Persönlichkeit eines Kindes immer aus einer Kombination von drei Wesenszügen zusammen,** die je nach Kind mal mehr, mal weniger in einem anderen Verhältnis zum Ausdruck kommen. Es sind **die Gefühls-, Bewegungs- und Kontaktintensität, die die Persönlichkeit eines Kindes ausmachen** und damit neben dem erzieherischen und gesellschaftlichen Einfluss auch auf seine Anstrengungsbereitschaft einwirken. Und so unterscheidet man zunächst zwischen Temperament und Persönlichkeit.

Das Temperament ist individuell

Gefühlsintensive Kinder neigen dazu, schnell und stark auf Erregung oder Trauer zu reagieren. Sie erleben häufig extreme Stimmungsschwankungen, von euphorischer Freude bis zu tiefer Traurigkeit. Bei Anstrengungen können sie sehr enthusiastisch und euphorisch sein, aber sie sind auch schnell entmutigt, wenn die Dinge nicht sofort funktionieren, und dann schwer zu motivieren. Selbstzweifel zehren an ihnen und lassen sie erschöpft zurück.

Bei **bewegungsintensiven Kindern** wird das Verhalten überwiegend mit Bewegung und schneller Motorik verknüpft, die sich selbst in der Sprechgeschwindigkeit zeigt. Diese Kinder verwenden und verbrauchen sehr viel Energie bei all ihren Tätigkeiten und zeigen oft sehr große Anstrengungsbereitschaft, Eifer und Mühe. Sie sind oft auch sehr beharrlich, kommen jedoch schlecht zur Ruhe. Sie machen manchmal sogar einen ruhelosen Eindruck, wodurch die Energie nicht mehr fokussiert werden kann. Daher fehlt ihnen manchmal die Ausdauer, bis zum Schluss durchzuhalten.

Kontaktintensive Kinder hingegen ziehen ihre Kraft aus positiven und oft auch intensiven Kontakterfahrungen. Sie sind häufig gute Teamplayer und freuen sich über soziale Kontakte und damit verbundene positive Rückmeldungen. Sie strengen sich gern für andere an oder übernehmen Aufgaben, sind gern mit anderen zusammen und betätigen sich lieber gemeinsam als allein. Sie nehmen an anderen Anteil und erwarten auch Anteilnahme von anderen. Ihre Anstrengungsbereitschaft erschöpft sich schnell, wenn sie eine Aufgabe allein bewältigen müssen.

Natürlich kommen diese Persönlichkeitsausprägungen bei Menschen vielfältig daher, sodass sie sich auch in zahlreichen Mischformen im Alltag zeigen.

Reflexionsfragen:

- Wie würden Sie Ihr Temperament, Ihre Persönlichkeit beschreiben?
- Was sind Sie für ein Typ? Sind Sie eher gefühls-, bewegungs- oder kontaktintensiv? Wie stark sind die drei Anteile bei Ihnen ausgeprägt? Haben Sie ein ausgeglichenes Mischverhältnis oder dominiert ein Anteil?
- Wenn Sie an die Kinder, Jugendlichen oder Erwachsenen denken, mit denen Sie es täglich zu tun haben: Welcher Persönlichkeitstyp sagt Ihnen da am meisten zu?
- Wie würden Sie Ihre persönliche Anstrengungsbereitschaft einschätzen? Welche der folgenden Aussagen würden Sie mit JA beantworten?
  - Es fällt mir leicht, mich an die Arbeit zu machen.
  - Meine Pläne gehe ich immer zeitnah an und setze sie um.
  - Anfallende Aufgaben erledige ich sofort.

- Angefangene Aufgaben führe ich bis zum Ende aus, auch wenn es anstrengend oder schwierig wird.
- Ich handle immer aus eigenem Antrieb.
- Ich lasse mich nur selten ablenken, wenn ich an einer Sache arbeite.
- Ich kann mich gut motivieren, ein Problem anzugehen.

Wenn Sie auf Ihre Antworten schauen: Wie würden Sie Ihre Anstrengungsbereitschaft in eigenen Worten beschreiben?

Notieren Sie Ihre Beschreibung.

Vom Wert der Anstrengung

Die Anstrengungsbereitschaft bezieht sich auf die Bereitschaft einer Person, sich einzusetzen und sich intensiv für eine Aufgabe oder für ein Ziel zu engagieren. Henry, aus unserem ersten Fallbeispiel ganz zu Anfang, ist das beste Beispiel dafür. Es sind seine Anstrengungsbereitschaft, sein Leistungswille, seine Motivation, die ihn dazu bringen, ausdauernd zu arbeiten, dranzubleiben, um Herausforderungen zu bewältigen.

Im Alltag steht die Bereitschaft, sich anzustrengen, oft in direktem Zusammenhang mit dem persönlichen Interesse an einer Aufgabe, dem eigenen Antrieb, der Persönlichkeitsstruktur und einer intrinsischen Motivation oder Begeisterung für das angestrebte Ziel sowie mit dem Wunsch, dieses zu erreichen, bzw. es »schaffen zu wollen«. Dieser Wunsch, etwas wirklich zu erreichen, fungiert häufig als Antriebskraft für die Bereitschaft zur Anstrengung und für den damit verbundenen Erfolg. Im Gegensatz dazu kann das Motiv, eine Leistung erbringen zu müssen (ich muss das jetzt tun, weil …), oft eine kontraproduktive Einstellung hervorrufen, die die Bereitschaft zur Anstrengung mindert. Um die Anstrengungsbereitschaft bei Kindern und Jugendlichen zu fördern, sollten Erwachsene zwei wesentliche Schritte unternehmen: Zum einen sollten sie eine **positive Haltung zur Anstrengungsbereitschaft vermitteln** und diese auch einfordern, und zum anderen sollten sie auch selbst mit gutem Beispiel vorangehen und **Anstrengungsbereitschaft vorleben.**

Der gegenwärtige Zeitgeist vermittelt leider eine Botschaft, die der tiefgründigen Bedeutung von Arbeit und Anstrengung zuwiderläuft: »**Maximiere den Erfolg bei minimalem Einsatz**«; »**Entspann dich lieber**«; »**Gönn dir was und lebe im Hier und Jetzt**« – getreu dem Gedanken: Die Arbeit kann warten. Dabei wird Arbeit oft mit Mühe gleichgesetzt und folglich als etwas Negatives betrachtet. Vergnügen, Freude, Erfolg? Das klingt verlockend! Doch Arbeit und Mühe? Das lieber nicht! Dieser Tenor wird auch von vielen Radiostationen aufgegriffen, die Montage herabwürdigen und mit Sprüchen wie »Schon wieder Montag, haltet durch, ihr Armen« eine ablehnende Haltung gegenüber der Arbeitswoche fördern. Es folgen »Mittelfinger-Mittwoch« und das Streben nach dem »Endlich-Freitag«, welcher das ersehnte Wochenende einleitet. In einer solchen Kultur scheint Arbeit negativ behaftet zu sein, und viele Menschen gehen ihrer Beschäftigung lediglich nach, um den Lebensunterhalt und ihre Freizeitaktivitäten finanzieren zu können. **Eine innere Kündigung ist bei vielen die Folge, was sich in mangelnder Einsatzbereitschaft und geringem Engagement niederschlägt, selbst bei alltäglichen Aufgaben.** Doch Arbeit und Anstrengung können auch Quellen der Freude, Befriedigung und Sinngebung sein – eine Wahrheit, die allzu oft übersehen wird.

Von daher brauchen Kinder lebendige, kraftvolle, engagierte Erwachsene, die Lust haben, sich anzustrengen, die vorleben, dass Arbeit und Anstrengung motivieren und sogar zu einem Flow-Erleben führen können, vor allem aber auch Spaß machen. Denken Sie allein an all die, die ehrenamtlich tätig sind oder freiwillig und mit viel Elan ihr Haus oder ihre Wohnung renovieren, den Garten kultivieren und umgestalten oder Freunden bei einem Umzug helfen. Anstrengung wird zum Gemeinschaftserlebnis und lässt uns gleichzeitig bei uns selbst ankommen, damit wir uns spüren, denn die Erschöpfung geht am Ende mit dem guten Gefühl, »etwas geschafft zu haben«, einher.

Das war auch bei Henry so. Die Erschöpfung, der Schmerz, die Wut, die Leidenschaft für sich und sein Weiterkommen, die Anstrengungsbereitschaft ließen ihn am Ende einer jeden »Übungseinheit«

strahlen, wenn er allein den langen Gang zurück zur Garderobe, wenn auch noch wackelig und manchmal auch holperig, entlangging. Seine Mutter Judith war dabei, verfolgte aufmerksam seine Schritte, zuckte jedoch nicht mehr zusammen, wenn er wieder hinfiel, lobte auch nicht das erneute Aufstehen, stattdessen ermutigte sie immer wieder mit einem »Ja, noch mal, ich weiß, du schaffst das!«

Und so brauchen Kinder Erwachsene bzw. Vorbilder, die Lust haben, sich mit den Kindern gemeinsam auf den Weg zu machen, die Lust haben, Anstrengungsbereitschaft vorzuleben, und, was noch viel wichtiger ist, die Leistungs- oder Anstrengungsbereitschaft wertschätzen, indem sie ermutigen, unterstützen und fördern durch (Ein-)Fordern. Die beharrlich sind und mit ihren Kindern gemeinsam an einer Sache dranbleiben.

Notieren Sie Ihre Gedanken zum vorangegangenen Textbaustein. Was denken Sie, wie lässt sich Leistungsmotivation bzw. Anstrengungsbereitschaft bei Kindern und Jugendlichen, gar Mitarbeiter:innen fördern? Welche Haltung des Erwachsenen bzw. Vorgesetzten ist wichtig? Wie stehen Sie persönlich zu Anstrengungsbereitschaft, Ihrer Arbeit, Ihrem täglichen Tun?

Von Leistungsmotivation und Disziplin

Der Begriff Leistungsmotivation stammt ursprünglich aus dem Lateinischen: *motivum* bedeutet so viel wie *Beweggrund* oder *Antrieb.* In der Pädagogik bezeichnen wir dies auch als Anstrengungsbereitschaft. **Genau wie das Temperament ist auch die Leistungsmotivation ein Persönlichkeitsmerkmal, welches Kinder in ihrer soziokulturellen Umwelt lernen.** Das soziokulturelle Umfeld ist als nahe Lebensumgebung eines Menschen zu verstehen, die in dieser Hinsicht einen direkten Einfluss auf ihn ausübt, wie z. B. die Familie und der Kindergarten oder die Tagespflege.

Die Grundlagen für die Leistungsmotivation werden daher schon sehr früh in diesen ersten Lebensjahren angelegt und drücken sich in aktivierenden oder hemmenden Einstellungen und Verhaltensweisen aus. Sie lassen sich bei einem Kind jedoch erst dann beobachten, wenn Eltern, Kindergarten oder Schule Leistungsanforderungen stellen, die auch für andere Kinder, sprich: Gleichaltrige, gelten. In der situationsbezogenen individuellen Auseinandersetzung mit solchen normativen Leistungsanforderungen zeigt sich dann, ob ein Kind mit Hoffnung auf Erfolg oder mit Furcht vor Misserfolg reagiert. Je nach (positiver oder negativer) Erwartungshaltung an sich selbst ist es zur Leistungserbringung mehr, weniger oder gar nicht motiviert.[5]

5 Vgl. Detlef Träbert auf https://www.familienhandbuch.de/kita/lernen/wiekoennenwirdielernmotivationvonkindernfoerdern.php#:~:text=Wenn%20wir%20die,gr%C3%B6%C3%9Ftm%C3%B6glichen%20Effekt%20erzielen [letzter Aufruf: 07.08.2023].

Reflexionsfragen:

- An welche Kindheitserfahrungen mit Hoffnung auf Erfolg oder mit Furcht vor Misserfolg können Sie sich noch erinnern?
- Wie hat es sich angefühlt, zu scheitern?
- Und wie hat der begleitende Erwachsene in dieser Situation auf Ihr Scheitern reagiert? Hätten Sie sich in solch einer Situation etwas anderes gewünscht, oder hat er für Sie passend reagiert?
- Wie kommt es zu einer positiven oder negativen Erwartungshaltung? Fällt Ihnen ein passendes Beispiel ein?
- Inwiefern haben der Erziehungsstil und die Erziehungspraktiken in der Familie/der Kita/der Schule Einfluss auf die Erwartungshaltung eines Kindes?
- Welches Erziehungsverhalten wäre wünschenswert, um Kindern positive Erwartungshaltungen mit Blick auf die Leistungsmotivation zu ermöglichen?

Hat Strenge etwas mit Leistung zu tun? Dem Mythos auf der Spur

Lange Zeit wurde Leistungserbringung mit Strenge und Gehorsam assoziiert, als man Kinder durch Belohnungen und Strafen, Drohungen oder Verbote zu Leistung anspornen wollte. Aufgrund der Forschung im Bereich der frühkindlichen Bildung hat sich das Verständnis von Anstrengungsbereitschaft und Disziplin im Laufe der Zeit gewandelt. **Heute geht es nicht mehr nur um die Einhaltung von Regeln, sondern vor allem um Ermutigung und die positiv stärkende Entwicklung von Selbstbestimmung, Selbstkontrolle und Selbstregulierung.**

Jana Prescher (42), Mitarbeiterin im Einzelhandel:
Jedes Kind will lernen. Das war bei mir damals auch so. Aber ich konnte nicht, war teilweise wie blockiert im Kopf. Meine Mathelehrerin gab mir ständig das Gefühl, dumm zu sein, nicht zu genügen. Dann immer wieder die vielen Fehler, rot angemerkt im Heft. Wenn ich es aufschlug, wurde mir schlecht. Dann die Scham. Oder das Nach-vorn-an-die-Tafel-Müssen, das »Vorgeführt-Werden« und die hämischen Blicke

und das fiese Grinsen der anderen. Irgendwann war es mir dann egal. Da habe ich abgeschaltet und zu gemacht. Leider. Heute frage ich mich oft, wie mein Leben verlaufen wäre, wenn meine Mathelehrerin und auch die anderen Lehrer an mich geglaubt, mich ermutigt und unterstützt hätten. Durch meine eigenen Kinder weiß ich, jedes Kind kann Mathe lernen, es kommt nur auf die richtige Methode der Vermittlung bzw. die richtigen Hilfsmittel an. Denn Kinder haben nicht Angst vor Fehlern, sondern vor der Rückmeldung durch die Erwachsenen. Tja, so ist das. Schade, dass mich damals niemand angespornt und unterstützt, an mich geglaubt hat. Ich hätte dranbleiben sollen. Bin ich aber nicht, nach acht Jahren Schule bin ich abgegangen.

Ein Umdenken wagen

Vielleicht braucht es einen Perspektivwechsel, denn Disziplin erfordert Engagement, Ausdauer und den Willen, sich Herausforderungen zu stellen. Sie ist die Fähigkeit, kurzfristige Befriedigung aufzuschieben, um langfristige Ziele zu erreichen.

Anstrengungsbereitschaft und Disziplin sind daher eng miteinander verbunden. Um diszipliniert zu sein, muss ein Mensch bereit sein, sich anzustrengen und sich selbst zu motivieren. Es erfordert Selbstreflexion, um zu erkennen, welche Ziele man überhaupt erreichen möchte und welchen Weg man dafür einschlagen muss.

In der heutigen pädagogischen Landschaft ist es von entscheidender Bedeutung, Disziplin als positive Eigenschaft zu fördern. Anstrengungsbereitschaft sollte nicht mit Zwang oder Autoritarismus verwechselt werden. Stattdessen **geht es vielmehr darum, Kindern zu helfen, dass sie sich eigene Ziele setzen und Motivation finden, sich diesen Zielen mit all ihrem Können zu widmen.**

Die moderne Pädagogik betont die Bedeutung einer bedürfnisorientierten, unterstützenden und fördernden Umgebung, um die Anstrengungsbereitschaft und die Entwicklung von Disziplin zu erleichtern. Lehrkräfte können Schülerinnen ermutigen, Selbstverantwortung für Aufgaben und Lernstoff zu übernehmen, können Eigeninitiative fördern und sie dabei unterstützen, ihre Fortschritte zu sehen und schätzen zu lernen. **Lehrkräfte sollten daher aufhören, vorrangig auf den Mangel zu schauen, sondern stattdessen**

stärkenorientiert mit den Kindern arbeiten. Sie sollten die Kinder ernst und annehmen, so wie sie sind. Niemals darf ein Kind in der Schule beschämt oder vorgeführt werden. Pädagogische Fachkräfte in der Kindertagesstätte könnten selbst schon Kleinstkinder bei Entscheidungsprozessen beteiligen und mit ihnen in Resonanz gehen, wenn sie dabei sind, sich auszuprobieren oder mit Materialien zu experimentieren. Sie können Kindergartenkinder dazu ermutigen, Verantwortung für Aufgaben zu übernehmen, und ihnen beiseite stehen, wenn etwas nicht auf Anhieb funktioniert. **Ermutigung, Wertschätzung und der Glaube ans Kind sind sowohl in der Kita wie auch der Schule gute Wegbegleiter, Kinder zu stärken und zu motivieren.** Und dennoch geht es auch darum, Kinder zu befähigen, intrinsische Anstrengungsbereitschaft zu entwickeln, die aus dem Streben nach persönlichem Wachstum und Erfolg resultiert. Ein jeder kennt sicherlich das wohltuende Gefühl, wenn sich nach einer echten Anstrengung der Stolz über die eigene Engagiertheit bzw. eigene Leistung seinen Weg bahnt und den gesamten Körper mit Glückshormonen flutet. Dieses Gefühl ist Motor für Anstrengungsbereitschaft und Entwicklung.

Die Disziplin ist somit eine Fähigkeit, die nicht nur im Bildungskontext relevant ist, sondern auch ein wertvolles Gut im Leben darstellt. **Sie kann helfen, persönliche Ziele zu erreichen, Herausforderungen zu meistern und ein erfülltes Leben zu führen.**

Insgesamt ist es an der Zeit, den alten Begriff der Disziplin neu zu denken. Indem wir Anstrengungsbereitschaft und Disziplin fördern, können wir eine Generation von engagierten, zielstrebigen und selbstbewussten Individuen hervorbringen, die bereit sind, die Welt so zu gestalten, dass noch viele Generationen glücklich auf ihr leben können, und die auch gleichzeitig ihre eigenen Träume verwirklichen.

Notieren Sie Ihre Gedanken zum vorangegangenen Textbaustein. Fassen Sie kurz zusammen, was Sie für sich aus diesem Kapitel mitnehmen.

Pädagogik und Psychologie treffen auf Disziplin

Die Verbindung von Pädagogik und Psychologie in diesem Bereich hat zu einem reichhaltigen Verständnis der menschlichen Natur und der Bildung beigetragen. In der Pädagogik bezieht sich Disziplin auf den pädagogischen Ansatz, der darauf abzielt, das Verhalten von Kindern, Schülerinnen und Schülern zu lenken und zu leiten, um ein positives Lernumfeld zu schaffen. Pädagogische Disziplin beinhaltet die Festlegung von klaren Regeln und Erwartungen, die Förderung von Eigenverantwortung und Selbstkontrolle sowie den Einsatz von positiver Verstärkung und angemessenen, logischen Konsequenzen.

In der Psychologie bezieht sich Disziplin oft auf die Fähigkeit zur Selbstregulierung. Dies ist die Fähigkeit, sich selbst zu motivieren, Impulse zu kontrollieren und Verhaltensweisen zu steuern, um langfristige Ziele zu erreichen. **Selbstregulierung ist eng mit Selbstkontrolle verbunden und spielt eine wichtige Rolle bei der Bewältigung von Herausforderungen und der Förderung des persönlichen Wachstums.** Auch spielt der Begriff der Disziplin in der Verhaltenspsychologie eine wesentliche Rolle im Zusammenhang mit Belohnung und Bestrafung. Durch Belohnung positiven Verhaltens und den Einsatz logischer Konsequenzen für unangemessenes Verhalten kann Disziplin entwickelt und aufrechterhalten werden.

Ein weiterer Aspekt beinhaltet auch die Fähigkeit, Emotionen zu regulieren und auf verschiedene Situationen zu übertragen, um dann entsprechend darauf zu reagieren. Eine gute emotionale Regulation ist wichtig, **um impulsives oder deplatziertes Verhalten zu verhindern und in schwierigen Situationen einen klaren Kopf zu bewahren bzw. die Situation »in den Griff zu bekommen«.**

Daraus resultiert auch die Fähigkeit zur Selbstkontrolle bzw. Selbstführungskompetenz, bei der es darum geht, »Versuchungen« z. B. in Form von Ablenkungen oder Störungen zu widerstehen und impulsive Handlungen zu vermeiden. Selbstkontrolle ist wichtig für die Entwicklung von Ausdauer, Durchhaltevermögen und die Fähigkeit, langfristige Ziele zu erreichen.

Gaby Brunner (29), Volleyball-Trainerin: Es ist doch erstaunlich, wie bedeutsam es für die Mädels ist, dass wir nach einer Niederlage gemeinsam weinen. Hatten sich doch alle in den letzten Monaten so sehr auf dieses Endspiel vorbereitet. All die Stunden harten Trainings, all die Arbeit, der Schweiß, das Üben, und jetzt am Ende diese Niederlage … Das Weinen ist wichtig, ein Ventil. Und danach schauen wir uns an, trösten und ermutigen uns und sagen: »Okay, dann bis Dienstag.« Denn am Dienstag ist wieder Training. Denn nach dem Spiel ist vor dem Spiel. Hätten meine Spielerinnen keine Disziplin, kein Durchhaltevermögen, würde ja keine mehr wiederkommen, nach solch einer Niederlage. Ich glaube, das ist wichtig, dass wir das jungen Menschen sagen, dass sie den Sieg, den einen großen Glücksmoment, ohne Niederlagen, ohne Schweiß, Tränen und vor allem Anstrengungsbereitschaft nicht bekommen.

Soziale Kompetenz braucht Disziplin

In sozialen Kontexten bezieht sich Disziplin auch auf die Fähigkeit, in unterschiedlichen sozialen Situationen adäquat zu handeln und die Bedürfnisse und Rechte anderer zu respektieren. Soziale Disziplin umfasst Empathie, Höflichkeit und die Einhaltung sozialer Normen. Darüber hinaus erfordert sie **die Fähigkeit, Konflikte konstruktiv zu lösen und in Gruppen effektiv zu kommunizieren,** was eine Grundvoraussetzung für das Funktionieren von Gemeinschaften und Gesellschaften ist.

Soziale Disziplin fördert zudem die Entwicklung von Verantwortungsbewusstsein gegenüber der Gruppe, Gemeinschaft und auch Umwelt, indem sie die Menschen dazu anhält, über die unmittelbaren Auswirkungen ihres Handelns hinauszudenken und für das Wohl des größeren Ganzen, z. B. des Vereins, der Klassengemeinschaft oder des Unternehmens, zu handeln. Die Pflege dieser sozialen Kompetenzen trägt wesentlich zur Bildung harmonischer und resilienter Gemeinschaften bei, in denen Individuen sich gegenseitig unterstützen und zum gemeinsamen Erfolg beitragen.

Insgesamt **ist Disziplin in der Pädagogik und Psychologie somit eine komplexe Fähigkeit, die auf Selbstregulierung, Selbstkontrolle und einem positiven pädagogischen Ansatz basiert.** Es geht darum, Kinder und Jugendliche dabei zu unterstützen, ihre Verhaltensweisen bewusst zu steuern, um persönliche Ziele zu erreichen und ein harmonisches, friedvolles sowie tolerantes Zusammenleben in der Gesellschaft, im Sport, in der Schule, dem Verein, der Nachbarschaft, am Arbeitsplatz usw. zu fördern.

Die Anfänge der Disziplin

Folgt man den Spuren der Disziplin, reichen diese bis in die antike und mittelalterliche Zeit zurück, wie Sie bereits zum Einstieg in den ersten Teil lesen konnten. **In dieser Periode war Disziplin stark mit Ordnung, Gehorsam und der Einhaltung von Regeln verbunden.** Bildungseinrichtungen waren von religiösen oder philosophischen Prinzipien geprägt, und Disziplin wurde durch strenge Regeln und Strafen durchgesetzt, um Schüler zur Einhaltung der Normen zu erziehen. Körperliche Züchtigung war in vielen pädagogischen Einrichtungen üblich, um Ungehorsam zu bestrafen und die Einhaltung der Regeln zu erzwingen.

Mit der Renaissance und der humanistischen Bewegung im 15. und 16. Jahrhundert begann sich das Konzept der Disziplin in der Pädagogik zu wandeln. Pädagogen wie Erasmus von Rotterdam betonten die Bedeutung von Bildung, die auf Interesse und Neugier basiert anstatt auf Zwang und Autorität (Gail 1963). Diese humanistische Sichtweise legte den Grundstein (Rousseau 1980) für eine kindzentrierte Bildung und eine positivere Herangehensweise an Disziplin.

Im 18. Jahrhundert **betonten** Philosophen und Pädagogen wie **Jean-Jacques Rousseau und Johann Heinrich Pestalozzi die Bedeutung einer liebevollen und unterstützenden Umgebung, um das Lernen zu fördern.** Pestalozzi hebt die Idee, dass Erziehung aus der Entwicklung der natürlichen Anlagen und Fähigkeiten des Kindes bestehen sollte, anstatt sie durch autoritäre Methoden zu kontrollieren, hervor (Tröhler 2013). Diese Ideen bildeten den Grundstein für die humanistische Pädagogik, die sich später im 20. Jahrhundert weiterentwickelte.

Mit dem Aufkommen des Behaviorismus in den 1920er Jahren wurde die Disziplin in der Pädagogik von einer anderen Perspektive aus betrachtet. Behavioristen wie B. F. Skinner (1971) stellen **die Rolle von Belohnung und Bestrafung bei der Formung des Ver-**

haltens heraus. Die Idee war, dass Verhalten durch Reize und Verstärkung beeinflusst werden kann, und dass positive Verstärkung ein wirksames Mittel zur Förderung erwünschten Verhaltens sein kann (Thorndike/Gates 1930).

Insgesamt verdeutlichen diese Ansätze den grundlegenden Unterschied zwischen einer pädagogischen Philosophie, die auf individueller Entfaltung und Selbstbestimmung basiert, und einer, die Verhalten durch äußere Einflüsse, mechanistisch steuern möchte.

In den 1960er Jahren führte der Psychologe Walter Mischel das Marshmallow-Experiment durch, das die Selbstkontrolle bei Kindern untersuchte.

Der **Marshmallow-Test** ist ein bekanntes psychologisches Experiment, das von Walter Mischel und seinen Kollegen an der Stanford University durchgeführt wurde. Bei diesem Test wurde Kindern (meist im Vorschulalter) ein Marshmallow angeboten. Ihnen wurde mitgeteilt, dass sie zwei Marshmallows erhalten könnten, wenn sie etwa 15 Minuten warten würden, ohne den ersten Marshmallow zu essen. Das Kind wurde allein im Raum gelassen, mit dem Marshmallow vor sich, und die Entscheidung, sofort zu essen oder für eine größere Belohnung zu warten, lag bei ihm.

Die Langzeitfolgen des Experiments zeigten, dass Kinder, die im Test länger warten konnten, im späteren Leben tendenziell bessere soziale, emotionale und akademische Ergebnisse erzielten. Dies wurde interpretiert als Hinweis darauf, dass Selbstkontrolle und die Fähigkeit, Belohnungen aufzuschieben, wichtige Faktoren für den Erfolg im Leben sind. Allerdings wurden in späteren Jahren auch Kritiken und weiterführende Studien veröffentlicht, die auf die Komplexität des Zusammenhangs zwischen frühkindlicher Selbstkontrolle und späterem Lebenserfolg hinwiesen und die Rolle von Umweltfaktoren wie sozioökonomischem Status hervorhoben.

Dennoch gab und gibt es einen signifikanten Zusammenhang zwischen der Bedeutung der Selbstregulierung und Selbstkontrolle bei der Bewältigung von Herausforderungen bzw. Versuchungen und dem Erreichen langfristiger Ziele. **Die Selbstregulierung (Inhibition) wurde so zu einer Kernkompetenz,** die sich auf die Fähigkeit des Menschen bezieht, impulsives Verhalten zu kontrollieren oder unerwünschte Gedanken und Emotionen zu unterdrücken. Diese

Fähigkeit ist ein wesentlicher Bestandteil der exekutiven Funktionen, die für die Planung, Entscheidungsfindung und Verhaltensregulierung verantwortlich sind; somit wurde sie zur Schlüsselkompetenz für persönlichen Erfolg.

Kennen Sie den Marshmallow-Test?
Wenn nicht, finden Sie auf YouTube dazu einen Filmbeitrag.

Reflexionsfragen:

- Was denken Sie über den Test bzw. das Experiment und sein Ergebnis?
- Wie ist es bei Ihnen? Benötigen Sie eine Belohnung, um aktiv zu werden, oder reicht Ihnen das gute Gefühl am Ende der Tätigkeit?
- Wann haben Sie das Gefühl, sich belohnen zu müssen? Und was tun Sie dann, also womit belohnen Sie sich?
- Schaffen Sie es auch, auf eine Belohnung zu verzichten oder sie aufzuschieben?
- Brauchen Sie eine andere Person, die Sie anschubst, um aktiv zu werden, oder die Sie belohnt, wenn Sie eine Aufgabe erledigt haben?
- Sind Ihnen Bestätigung und Lob durch Kolleginnen, Partner:in oder Vorgesetzte wichtig?
- Welche Möglichkeiten sehen Sie in Ihrem Alltag, in Kita, Schule oder Ausbildung, um Kinder und Jugendliche dabei zu unterstützen, sich von Lob durch Erwachsene freizumachen, bzw. einige Aufgaben zu erledigen, ohne dass sie dafür belohnt werden?

Disziplin und Selbstregulierung, die Psychologie liefert Erkenntnisse

In den letzten Jahrzehnten hat die »positive Psychologie« die Bedeutung von Disziplin und Selbstregulierung für das Wohlbefinden und die Entwicklung von individuellen Stärken und Talenten betont. Psychologen wie Martin Seligman (1991) und Mihály Csíkszentmihályi (1990) haben **die Förderung von Fähigkeiten wie Optimismus, Selbstdisziplin und Flow-Erleben** untersucht.

Die Verbindung zwischen Pädagogik und Psychologie ist ihrer Auffassung nach in Bezug auf Disziplin eng. Die Psychologie liefert Erkenntnisse über die Mechanismen der Selbst- und Verhaltensregulierung, während sich die Pädagogik auf die Anwendung dieses Wissens in der Bildung und Erziehung konzentriert. Das Verständnis der psychologischen Aspekte der Disziplin kann Pädagogen helfen, effektivere Strategien zu entwickeln, um Kinder bei der Entwicklung von Selbstkontrolle und langfristigem Erfolg zu unterstützen.

Insgesamt zeigt die Geschichte der Entwicklung des Begriffs der Disziplin in Pädagogik und Psychologie eine stetige Verschiebung weg von autoritären Ansätzen hin zu einem ganzheitlicheren Verständnis der Selbstbestimmung, Selbstregulierung und Selbstkontrolle sowie hin zur Resilienzförderung.

Ganzheitlich denken heißt somit auch, das Bildungssystem in der Schule dem System der frühen Bildung in der Kindertagesstätte, wo die Ganzheitlichkeit ein fester Bestandteil der Pädagogik ist, anzupassen und dieses neu denken. Doch leider gibt es nach wie vor scheinbar viele triftige Gründe, warum es noch nicht gelingen kann, ein ganzheitlicheres Verständnis im Schulalltag zu verankern. Denn leider mangelt es bei allem Wissen wie so oft an der Umsetzung.

Viele Schulen haben begrenzte Ressourcen, sei es finanziell, vor allem aber personell oder in Bezug auf die Ausstattung. Eine unterstützende und fördernde Umgebung erfordert jedoch oft zusätzliche Ressourcen, die häufig nicht verfügbar sind. Dies kann die Implementierung effektiver pädagogischer Ansätze zur Förderung von selbstbestimmtem Lernen, Disziplin und Resilienz erschweren. In vielen Schulen liegt der Fokus leider oft noch stark auf standardisierten Lehrplänen, Vorgaben oder Tests. Lehrerinnen und Lehrer werden angehalten, den Lehrplan schnell zu durchlaufen, um den geforderten Stoff zu bewältigen, und haben daher weniger Zeit, um sich auf die individuellen Bedürfnisse und Fähigkeiten der Schüler:innen einzustellen, sie gar individuell zu unterstützen.

In Gruppen der Kindertagesstätten und Klassen mit vielen unterschiedlichen Kulturen und stark heterogener Kinder- bzw. Schülerschaft ist es zudem schwierig, sich auf die individuellen Bedürfnisse eines jeden Kindes einzustellen; kein Wunder, dass viele pädagogische Fachkräfte erschöpft und teilweise auch frustriert sind und viele Lehrkräfte sich aus dem Schuldienst verabschieden und nach Alternativen suchen. **Die Herausforderung für die Zukunft besteht unserer Meinung nach daher vor allem darin, eine unterstützende und fördernde Umgebung für jedes Kind zu schaffen.** Wenn dies durch ein unzureichendes Schüler-Lehrerin-Verhältnis oder in der Kita Erzieher-Kind-Verhältnis, aufgrund von Fachkräftemangel, hohem Krankenstand usw. nicht gelingt, hat dies Auswirkungen auf die Kinder, Schüler:innen und vor allem auch pädagogischen Fach- und Lehrkräfte. Der zunehmende Fokus auf standardisierte Tests und Leistungsbeurteilungen kann auch dazu führen, dass Schulen bzw. Lehrkräfte den Schwerpunkt zunehmend auf die Erfüllung von Vorgaben und die Vorbereitung von Prüfungen legen, anstatt auf die Weiterentwicklung von persönlichen Stärken und Kompetenzen, Resilienz und Disziplin, sowie den so wichtigen sozialen und emotionalen Fähigkeiten der einzelnen Schüler. Gleiches gilt auch für die Kitas, die oft durch die enormen Vorgaben von Bildungsdokumentationen, Sprachstandserfassungen und Qualitätsentwicklungsprozessen nicht dazu kommen, individuell auf jedes Kind eingehen zu können, um die erwachenden Potenziale zu fördern.

Was geht Ihnen gerade durch den Kopf, nachdem Sie unsere Forderung nach Neuorientierung und Ausrichtung in der Schule und auch Kita gelesen haben? Teilen Sie unsere Meinung?

Brauchen wir Disziplin als wichtige Eigenschaft für die Zukunft? Wären Kreativität und Problemlösekompetenz, digitales Verständnis oder Kommunikation nicht besser? Oder schließt das eine das andere mit ein?

Reflexionsfragen:

- Was denken Sie? Braucht es eine neue Strategie für mehr Disziplin?
- Wie kann es gelingen, Disziplin zu fördern? Brauchen wir Fortbildungen in Kita, Schule und Ausbildung dazu?
- Was können Kita und Schule im Übergang tun? Wie ließen sich gemeinsam Ideen und Methoden entwickeln, um die Disziplin im Übergang als wichtigen Wert, gar Basiskompetenz, zu etablieren? Welche Spiele, Übungen, Projekte, Absprachen würden Ihnen einfallen?
- Welche Ideen kommen Ihnen gerade, wenn Sie pädagogische Fach- oder Lehrkraft sind, um auch Eltern für diesen grundlegenden Wert, diese Basis- und Zukunftskompetenz, zu begeistern?
- Und was müsste in unserer Gesellschaft verändert werden, um Disziplin positiv zu besetzen?
- Was sollte diesbezüglich auch innerhalb der Ausbildung verändert werden?

Disziplin – von der Tugend zum verpönten Begriff. Wie kam es dazu?

Einer der Hauptgründe für eine veränderte Sichtweise auf die Disziplin ist unserer Meinung nach die Veränderung der gesellschaftlichen und kulturellen Normen im Laufe der vergangenen Jahre.

Früher wurde Disziplin als eine Tugend angesehen, die mit Selbstkontrolle, Ausdauer und der Fähigkeit zur Einhaltung von Regeln und Normen einherging. Sie wurde als grundlegend für den Aufbau eines moralischen Charakters und die Erreichung persönlicher Ziele betrachtet. Sie wurde als ein Weg zur Selbstverbesserung und als Mittel zur Entwicklung von Selbstdisziplin, sprich Anstrengungsbereitschaft, angesehen. In vielen antiken Kulturen, wie der griechischen und römischen Zivilisation, galt Disziplin daher als ein wichtiges Gut. Sie wurde geehrt, mehr noch, verehrt, wertgeschätzt und vor allem vermittelt. Sowohl Philosophen als auch Staatsmänner hoben die Bedeutung der Disziplin hervor, um das Individuum und die Gesellschaft zu stärken. Quer durch die Religionen wurden Disziplin und Selbstbeherrschung ebenfalls als tugendhafte Eigenschaften beschrieben. Zum Beispiel spielt Disziplin eine wichtige Rolle im Buddhismus, Hinduismus, Christentum, Islam und weiteren Religionen, z. B. bei dem Vorhaben, die Fastenzeit oder den Ramadan zu praktizieren.

In der westlichen Kultur wurde Disziplin auch im Kontext der Aufklärung und der damit verbundenen moralischen Philosophie, wie beispielsweise bei Immanuel Kant, als eine der Grundtugenden betrachtet. **In den letzten Jahrzehnten hat sich jedoch die Vorstellung von Freiheit und Individualismus in der Gesellschaft stark verändert.** Es wird vermehrt Wert auf persönliche Entfaltung, Selbstverwirklichung und die Befriedigung unmittelbarer Bedürfnisse gelegt. Nach dem Motto »Gönn dir das« hat eine heftige Welle der »Me-First-Entwicklung« große Teile der Bevölkerung überschwemmt. Sichtbar wird dies im Rückgang des Ehrenamts, **im exzessiven**

Ausleben von persönlichen Bedürfnissen ohne Rücksicht auf das »große Ganze«, wie z. B. auf Umwelt- oder Tierschutz, das Miteinander im Unternehmen oder der Klassengemeinschaft oder das Zurückstellen von Kaufwünschen bzw. Konsumzwang. Die Werbung von Influencern auf Social-Media-Kanälen und die Versuchungen von Ratenzahlungen fördern die Schuldenfalle und das »me first« zudem um ein Vielfaches.

Jeder Wunsch, jede Sehnsucht muss sofort und auf der Stelle erfüllt werden. Kein Wunder, das niemand mehr auf etwas warten will, sich niemand mehr selbst disziplinieren will – warum auch? Alles scheint möglich und vor allem auch finanzierbar. Und so wird der Begriff Disziplin wie selbstverständlich mit Zwang, Einschränkung und Kontrolle assoziiert, was dem Wunsch nach individueller Freiheit und Selbstbestimmung absolut entgegensteht.

Welche Beispiele fallen Ihnen dazu ein, um diese These zu bestärken oder zu entkräften?

Tarek Albir (51), Koch und Restaurantbesitzer: Ich arbeite mindestens 10–12 Stunden jeden Tag. Und das ist okay, da ich selbstständig bin und mir das Restaurant gehört. Solch einen enormen Einsatz erwarte ich daher gar nicht von anderen. Aber schwierig war es vor einigen Monaten, als ich einen zusätzlichen Koch brauchte. Denn welcher junge Mensch will heute noch arbeiten, wenn alle anderen frei haben oder feiern gehen? Zum Glück hat sich bei mir eine Person gemeldet. Leider wollte er nur 4 Tage in der Woche arbeiten. Damit hatte ich nicht gerechnet. Aber was soll ich sagen, ich habe den Mann genommen, weil ich sonst allein dagestanden hätte. Anscheinend will heute keiner mehr arbeiten. Das kenne ich auch aus dem Handwerk. Mein Bruder sucht seit drei Monaten einen Auszubildenden und findet keinen. Viele junge Leute wollen heute gern reisen, die Welt sehen, sich ausleben. Ich frag mich dann immer, wie finanzieren die das? Auch sind viele oft wenig belastbar und schnell am Ende ihrer Kräfte. Wenn man denen dann sagt, hey, du kannst nicht krank machen, nur weil du müde bist, kommen sie die ganze Woche nicht wieder zur Arbeit und reichen dir einen Krankenschein nach dem anderen rein. Ich verstehe nicht, was mit den Leuten los ist.

Die neue Generation tickt anders

Die Generation Z, oft definiert als die Gruppe geboren zwischen Ende der 1990er Jahre und den frühen 2010er Jahren, zeichnet sich durch eigene charakteristische Merkmale und Verhaltensweisen aus, die sie von früheren Generationen unterscheiden. Ihr Aufwachsen in einer Zeit des technologischen Fortschritts, der Digitalisierung und globaler Unsicherheiten prägt ihre Sichtweisen und Lebensstile. Sie legen großen Wert auf Individualität und Selbstausdruck, was sich in ihrer Kleidung, in sozialen Medien und in ihrem Lebensstil widerspiegelt. Gleichzeitig sind sie auf der Suche nach Zugehörigkeit und Gemeinschaft, vor allem in digitalen Räumen. Im Gegensatz zu früheren Generationen bevorzugt die Generation Z flexible Arbeitsmodelle, die eine gesunde Work-Life-Balance ermöglichen, und misst der mentalen Gesundheit große Bedeutung bei. Gleichsam sind Mitglieder der Generation Z als »Digital Natives« aufgewachsen, d. h. sie kennen eine Welt ohne Internet und soziale Medien nicht. Ihre Kommunikation, ihr Lernen und ihre Unterhaltung finden hauptsächlich über digitale Plattformen statt, und das hat Folgen.

Im gesellschaftlichen Miteinander unserer Konsumgesellschaft kommt daher neben der sofortigen Befriedigung aller Wünsche noch ein zweiter Aspekt hinzu, der Auswirkungen auf das Verhalten der Generation Z sowie der Erwachsenen und somit auch Kinder hat. Wir lenken den Blick auf die absolute und stetige Zunahme der Verfügbarkeit von Unterhaltung und Ablenkung durch Medien.

Dies führt nachweislich zu einer Veränderung der Aufmerksamkeitsspanne und zu einer Abnahme der Fähigkeit zur Ausdauer und Konzentration. Die ständige Reizüberflutung durch Technologie und Medien hat in den letzten Jahren dazu beigetragen, dass viele Menschen, erschreckenderweise auch viele Kinder und Jugendliche, Schwierigkeiten haben, sich auf eine Aufgabe zu konzentrieren und sich über einen längeren Zeitraum mit einer Sache zu beschäftigen. **Sie fühlen sich schnell überfordert und sehnen sich teilweise nach Sicherheit und Orientierung, da die Entwicklungen so schnelllebig und rasant sind.**

Auch das ständige Schauen aufs Handy oder Prüfen der eingehenden Botschaften und Nachrichten auf der Smartwatch stresst nicht nur die Jugendlichen, sondern führt auch bei den Erwachsenen dazu, dass ihre Kinder spüren: Meine Mama oder mein Papa ist nie ganz nur für mich da, sondern auch immer irgendwie woanders. Somit wird dieses Verhalten wie selbstverständlich nachgeahmt und als normal empfunden. Fokussierte ungeteilte Aufmerksamkeit – in vielen Familien kaum noch zu finden. Und selbst viele Kleinstkinder erleben täglich, dass die Mutter oder der Vater mehr aufs Handy als in den Buggy schaut, um sich mit dem Kind zu unterhalten. Die Selbstdisziplin, sich auch nur für eine Stunde ausnahmslos dem eigenen Kind zu widmen, um mit ihm etwas zu spielen, ihm vorzulesen oder mit ihm in einen Dialog zu treten, überfordert leider viele Eltern. Zum Glück nicht alle, denn es gibt auch viele, die es gut machen, die sich und ihren Kindern regelmäßig medienfreie Zeiten gönnen und gemeinsam »quality time« verbringen.

Sollten Sie Mutter oder Vater sein, können auch Sie sich diesen Eltern anschließen, indem Sie heute oder morgen bewusst für eine oder zwei Stunden das Handy oder die Smartwatch weglegen, um mit Ihrem Kind zu spielen, ihm vorzulesen oder sich mit ihm auszutauschen, wenn es denn schon sprechen kann. Reflektieren Sie im Nachgang, wie leicht oder schwer es Ihnen fiel und wie oft die Versuchung da war, doch einmal aufs Display des Handys oder der Smartwatch zu schauen. Und wenn Sie keine Kinder haben, können Sie auch mitmachen, indem auch Sie sich für eine oder zwei Stunden bewusst für die Challenge »medienfreie Zeit« entscheiden.

Von Selbstdisziplin und diszipliniert werden – ein Unterschied!

Wenn Sie sich, wie gerade beschrieben, bewusst gegen Medien entscheiden und sich ein oder zwei Stunden »disziplinieren«, sprechen wir von **gesunder, unterstützender Disziplin, die uns hilft und förderlich für uns und unser Leben ist.** Leider kennen viele Menschen auch die Kehrseite der Medaille, **die übertriebene, repressive, autoritäre oder rigide Form der Disziplin,** die häufig zu Unterdrückung, Angst und psychischem Druck führt. In der Vergangenheit und bisweilen auch heute noch wurden in einigen Fällen »Disziplinarmaßnahmen« missbraucht und haben zu negativen Auswirkungen auf die individuelle Entwicklung von Kindern und Jugendlichen geführt.

Dies hat dazu beigetragen, dass Disziplin im erzieherischen Kontext als etwas Negatives wahrgenommen und etwas Unangenehmes abgespeichert wurde.

Es ist uns daher sehr wichtig anzumerken, dass es eine Differenzierung gibt und auch braucht, um zwischen gesunder, unterstützender Disziplin und übertriebenem, repressivem Verhalten, welches als Disziplin getarnt wird, zu unterscheiden. Gesunde Disziplin fördert Selbstkontrolle, Verantwortungsbewusstsein und die Fähigkeit zur Selbstregulierung, ohne die individuelle Freiheit einzuschränken. Sie schafft Struktur und ermöglicht es, Ziele zu erreichen und ein erfülltes Leben zu führen.

Um die positive Bedeutung von Disziplin daher wiederherzustellen, ist es wichtig, das Konzept differenziert zu betrachten und zu kommunizieren. Eine angemessene Betonung auf die Vorteile von Selbstdisziplin, Ausdauer und der Fähigkeit, Versuchungen zu widerstehen, kann dazu beitragen, ein ausgewogenes Verständnis und eine positive Wahrnehmung der Disziplin zu fördern. Es geht darum, die Bedeutung von **Disziplin als Instrument zur persönlichen Entwicklung und zur Erreichung von Zielen zu verstehen, während man gleichzeitig die negativen Aspekte von übermäßiger Kontrolle und Einschränkung kritisch hinterfragt.**

Acyce Gür (38), Ärztin: Jeder Tag ist eine Herausforderung. Ohne meine Selbstdisziplin würde ich das an meinen Tagen hier in der Notaufnahme nicht aushalten. Ich werde angeschrien, beleidigt, muss einer Mutter sagen, dass ihr Kind leider gerade verstorben ist, und dem jungen Mann, ein Motorradunfall, im Nebenraum mitteilen, dass wir seinen Arm leider nicht retten können. Das ist hart. So viele Niederlagen. Und dennoch gibt es auch die Glücksmomente, das Strahlen der Angehörigen, wenn man ihnen eine positive Rückmeldung geben kann. Manche Tage sind so herausfordernd, dass ich denke, es geht nicht mehr. So wie damals, als ich als junge Medizinstudentin neben dem Studium in einer Werkstatt und zusätzlich noch in einer Kneipe gejobbt habe. Studium und zwei Jobs parallel, das war hart. Aber es ging. Wäre ich damals nicht so selbstdiszipliniert gewesen, würde ich heute hier nicht stehen. Wäre ich heute nicht so selbstdiszipliniert, würde ich morgen nicht wieder zum Dienst kommen. Disziplin ist eine sehr wichtige Kompetenz.

Disziplin ist eine wertvolle Ressource, um Herausforderungen zu meistern, Selbstverantwortung zu übernehmen und ein erfülltes Leben zu führen, auch wenn dieses mitunter anstrengend und kräftezehrend ist.

Indem wir ein differenziertes Verständnis von Disziplin fördern und positive Beispiele setzen, können wir dazu beitragen, dass Disziplin wieder als wertvolle »Tugend« betrachtet oder zum Wert für das eigene Leben werden kann.

Reflexionsfragen:

- Wie stehen Sie zur Disziplin? Ist sie für Sie eine Tugend oder ein Wert, den Sie gern leben und auch an Kinder, Jugendliche oder Auszubildende weitergeben würden?
- Wenn ja, warum? Welche Vorteile hätte das für ein heranwachsendes Kind, eine Jugendliche oder einen Auszubildenden?
- Wenn nein, warum nicht? Welche Gefahren sehen Sie?

Selbsttest: Welcher Disziplintyp sind Sie?

Nachdem Sie sich nun schon über einige Seiten hinweg mit der Disziplin beschäftigt haben, laden wir Sie nun zu einem kleinen Selbsttest ein:

Fragebogen zu verschiedenen Disziplintypen:
Frage 1: Wie organisiert sind Sie normalerweise in Ihrem Alltag? a. Ich habe einen detaillierten Zeitplan und halte mich strikt daran. b. Ich habe einen groben Zeitplan, aber bin auch flexibel. c. Ich neige dazu, spontan und unstrukturiert zu sein. d. Ich habe keine klare Organisationsstruktur in meinem Alltag.

Frage 2: Wie leicht können Sie sich selbst motivieren? a. Ich bin sehr selbstmotiviert und kann mich leicht auf meine Ziele konzentrieren. b. Ich kann mich motivieren, aber manchmal benötige ich Unterstützung von außen. c. Ich habe Schwierigkeiten, mich selbst zu motivieren und brauche oft externe Anreize. d. Meine Motivation schwankt stark und ist stark von äußeren Umständen abhängig.
Frage 3: Wie gehen Sie mit Rückschlägen um? a. Ich sehe Rückschläge als Lernchancen und lasse mich nicht entmutigen. b. Rückschläge können mich kurzzeitig demotivieren, aber ich komme schnell wieder auf Kurs. c. Rückschläge frustrieren mich und beeinträchtigen meine Motivation. d. Rückschläge können mich stark entmutigen und meine Motivation langfristig beeinflussen.
Frage 4: Wie wichtig ist Ihnen eine strukturierte Arbeitsumgebung? a. Eine strukturierte Arbeitsumgebung ist für mich entscheidend, um produktiv zu sein. b. Eine gewisse Struktur ist wichtig, aber ich kann auch in flexiblen Umgebungen gut arbeiten. c. Ich bevorzuge eine lockere und unstrukturierte Arbeitsumgebung. d. Die Arbeitsumgebung hat keinen Einfluss auf meine Produktivität.

Frage 5: Wie gut können Sie Versuchungen widerstehen?
a. Ich kann Versuchungen leicht widerstehen und bleibe konsequent. b. Ich kann in den meisten Fällen Versuchungen widerstehen, aber manchmal gebe ich nach. c. Ich habe Schwierigkeiten, Versuchungen zu widerstehen, und gebe oft nach. d. Ich lasse mich leicht von Versuchungen ablenken und finde es schwer, ihnen zu widerstehen.
Frage 6: Wie wichtig ist Ihnen die langfristige Zielsetzung?
a. Langfristige Ziele sind für mich von großer Bedeutung und beeinflussen meine täglichen Entscheidungen. b. Ich habe langfristige Ziele, aber ich konzentriere mich auch auf den gegenwärtigen Moment. c. Ich lebe eher im Hier und Jetzt und denke nicht viel über langfristige Ziele nach. d. Ich habe keine klaren langfristigen Ziele oder Pläne für die Zukunft.
Frage 7: Wie wichtig ist es Ihnen, sich selbst herauszufordern und kontinuierlich zu wachsen?
a. Selbstherausforderung und persönliches Wachstum sind für mich von größter Bedeutung. b. Ich finde es wichtig, mich ab und zu herauszufordern, aber es ist nicht meine oberste Priorität. c. Ich bevorzuge eine bequeme und stabile Routine ohne größere Herausforderungen. d. Ich habe kein starkes Verlangen nach Selbstherausforderung oder persönlichem Wachstum.

Auswertung:

Wenn Sie hauptsächlich A's gewählt haben, deuten diese Antworten darauf hin, dass Sie einen starken Fokus auf Disziplin und Selbstmotivation haben und sich gut auf langfristige Ziele konzentrieren können.

Wenn Sie hauptsächlich B's gewählt haben, könnten Sie als ausgewogener Disziplintyp betrachtet werden, der sowohl Flexibilität als auch Selbstkontrolle aufweist und in der Lage ist, sich auf kurz- und langfristige Ziele zu konzentrieren.

Wenn Sie hauptsächlich C's gewählt haben, sind Sie möglicherweise eher ein entspannter oder weniger disziplinierter Typ, der eine spontane und lockere Herangehensweise bevorzugt und sich weniger auf langfristige Ziele fokussiert.

Wenn Sie hauptsächlich D's gewählt haben, deutet dies darauf hin, dass Disziplin für Sie keine große Rolle spielt oder dass Sie Schwierigkeiten haben, eine klare Disziplinstruktur in Ihrem Leben aufrechtzuerhalten.

Haben Sie den Selbsttest gemacht? Zu welchem Ergebnis sind Sie gekommen? Welche Erkenntnis nehmen Sie aus dem Test für sich mit? Gibt es etwas, das Sie gern in Ihrem Leben verändern würden? Wenn ja, was und warum?

Wer bin ich? – Was will ich?

Die Fragen »Wer bin ich?« und »Was will ich?« haben eine tiefgründige Bedeutung für jeden Menschen und noch mehr für alle, die mit Kindern und Jugendlichen zusammenleben, mit ihnen arbeiten, sie erziehen und sie in die Zukunft begleiten. Biographiearbeit nennen es die einen, gute Reflexionsfähigkeit die anderen. Generell geht es darum, sich immer wieder diesen Fragen zu stellen, da sie uns zu uns selbst, unseren Werten, Einstellungen und Prägungen führen, die massiven Einfluss auf unser Handeln im Hier und Jetzt haben und uns darüber hinaus veranlassen, unsere Selbstführung und unser Selbstbewusstsein zu erforschen, um unsere Identität zu verstehen. Nur wer sich selbst versteht, kann auch andere verstehen.

Jannik Hübscher (23), Erzieher: Für mich war es ein steiniger Weg, mich mit mir und meiner Kindheit im Rahmen der Erzieherausbildung auseinanderzusetzen. Vor allem beim Thema pädagogische Macht und Partizipation. Ich selbst hatte eine sehr gewaltvolle Kindheit, wurde geschlagen und habe oft Zwang erlebt, z. B. beim Essen. Daher lehne ich jegliche Form von körperlicher Gewalt und Zwang ab. Ich möchte, dass Kinder selbst entscheiden, was, wann und wie viel sie essen, will sie niemals zu etwas zwingen. Dennoch bin ich auch ein Essvorbild für die Kinder meiner Gruppe. Auch habe ich mit kindlichen Konflikten und Aggressionen zu tun, erlebe entwicklungsbedingte Konfliktanlässe und muss mich positionieren. Ich bin froh und auch dankbar, dass ich mich so intensiv mit mir selbst in der Ausbildung auseinandersetzen durfte und auch musste. Dass ich durch meine Fachlehrerin aufgefordert wurde, mich dieser Anstrengung zu stellen, und so viel Disziplin hatte dranzubleiben, auch als es heikel und unangenehm wurde. Und dass ich die Anstrengungsbereitschaft besaß, mich den Fragen und Auseinandersetzungen zu stellen. Denn das Thema ging mir echt nah. Weglaufen, aufgeben, wegducken kam für mich jedoch nicht in Frage, ich wollte Erzieher werden. Heute bin ich sehr froh, dass ich das durchgezogen habe. Denn jetzt kann ich reflektierter arbeiten, weil ich meine Kindheitserlebnisse angeschaut habe und dadurch heute kindorientierter mit den Herausforderungen in der Gruppe umgehen kann.

Disziplin ist die Fähigkeit, Bedürfnisbefriedigung in die Zukunft zu verschieben und eine Tätigkeit nur um ihrer selbst willen auszuüben.

Anstrengungsbereitschaft und Disziplin, diese beiden Eigenschaften sind eng mit unseren individuellen Werten, unserer Weltanschauung, Erziehung und den Erwartungen anderer an uns verbunden. Ihre Bedeutung zeigt sich in unserem Streben nach persönlichem Wachstum und der Verwirklichung unserer Ziele. Außerdem haben sie Auswirkungen auf die Art und Weise, wie wir mit Kindern und Jugendlichen interagieren, wie wir mit ihnen sprechen, wie wir sie ermutigen, motivieren oder bewerten.

Disziplin und Anstrengungsbereitschaft sind daher nicht nur einfache Fähigkeiten, sondern grundlegende Lebenshaltungen bzw. Persönlichkeitsmerkmale. Sie repräsentieren die innere Mo-

tivation, die uns antreibt. Zudem sind sie eng verwoben mit unseren Werten und Überzeugungen.

Unsere persönlichen Werte bestimmen, was uns wirklich wichtig ist im Leben und was wir als erstrebenswert erachten. Sie fungieren als Wegweiser, innere Richtschnur und beeinflussen unser Verhalten und unsere Entscheidungen.

Unsere Weltanschauung prägt unser Verständnis von Erfolg und Misserfolg. Sie bestimmt, wie wir uns selbst, unsere Leistungen und die der anderen bewerten. Wenn wir eine positive und optimistische Weltanschauung haben, neigen wir dazu, Rückschläge als Herausforderungen zu sehen und uns weiterhin anzustrengen, um unsere Ziele zu erreichen. Genauso ermutigend begegnen wir dann auch den Kindern und Jugendlichen, mit denen wir zusammen sind. Hingegen kann eine pessimistische Weltanschauung uns entmutigen und unsere Disziplin schwächen. Auch betrachten wir dann Kinder, Jugendliche und andere Menschen eher aus der Mangelperspektive und neigen dazu, ihnen Aufgaben nicht zuzutrauen, und gehen von Misserfolgserwartungen aus.

Reflexionsfragen:

- Was denken Sie über sich? Welche Werte bestimmen Ihr Leben und sind Ihnen so wichtig, dass Sie diese gern an Ihr Kind/an Kinder, Jugendliche weitergeben, also vorleben wollen?
- Wann haben Sie das letzte Mal ein Kind/einen Jugendlichen/einen Auszubildenden ermutigt dranzubleiben oder durchzuhalten? Beschreiben Sie gern die Szenerie, wie genau Sie vorgegangen sind. Würden Sie in der Nachbetrachtung es genauso wieder tun? Oder würden Sie heute in der gleichen Situation etwas verändern? Wenn ja, was genau und warum?
- Glauben Sie, dass es schon Kinder mit unterentwickelter Leistungsmotivation gibt? Wenn ja, wie kann man sie in der Familie oder Kita/Schule auffangen, unterstützen und deren Leistungsmotivation fördern?
- Wie würden Sie mit einem Kind, Jugendlichen oder Auszubildenden umgehen, wenn dieser sich verweigert? Welche Strategien kennen Sie, welche sind hilfreich?

- In der Kindertagesstätte kommt der Übergangsgestaltung hin zur Grundschule und in der Schule dem Anfangsunterricht eine wichtige kompensatorische (ausgleichende) Aufgabe zu, in der die Leistungsmotivation eine große Rolle spielt. Wie stehen Sie dazu?

Unsere Prägung ist entscheidend

Alles, was wir in unserer Erziehung erlebt haben, spielt eine entscheidende Rolle in unserem Leben, beeinflusst uns und hat Auswirkungen auf unser Handeln, es sei denn, wir haben diese Erfahrungen und Prägungen aufgearbeitet und uns bewusst damit auseinandergesetzt. So haben Eltern, Erzieher:innen und Lehrkräfte sowie auch viele andere (Bezugs)-Personen unser Verständnis von Disziplin und Anstrengungsbereitschaft geprägt. **Eine unterstützende und fördernde Erziehung kann jeden Menschen dazu ermutigen, sich selbst zu vertrauen, um für die individuellen Ziele und Vorstellungen einzutreten.** Andererseits können strenge Erwartungen und Vorgaben oder ein Mangel an Anerkennung die individuelle Motivation mindern. Besonders Mütter und Väter spielen eine entscheidende Rolle bei der Entwicklung von Disziplin bei ihren Kindern, und dieser Aspekt ist eng mit ihrer Rolle als Vorbilder bzw. Autoritäten verknüpft. Sie sind die Ersten, die ihren Kindern beibringen, was akzeptables Verhalten ist und welche Regeln in der Familie und der Gesellschaft gelten. Sie setzen Grenzen, haben klare Erwartungen und zeigen ihren Kindern, wie wichtig es ist, sich an diese Regeln zu halten – oder eben auch nicht. Sie treffen Tag für Tag Entscheidungen.

Und genau das ist der springende Punkt. Eltern, pädagogische Fach- und auch Lehrkräfte müssen Entscheidungen treffen, damit Kinder diese wahrnehmen und erkennen, um später selbst Entscheidungen treffen zu können. Denn es gibt heutzutage unzählige Möglichkeiten, aus denen Erwachsene, Jugendliche und auch schon Kinder auswählen können. Diese Möglichkeiten oder Freiheiten sind enorm, gar wunderbar und klasse. Doch zu viel Auswahl kann auch unglücklich machen und lähmen. Daher brauchen wir die Selbstregulation. Sie hilft uns, die eigenen Gedanken, Gefühle und Verhaltensweisen an eine Situation anzupassen, um sich entscheiden, fokussieren oder beherrschen zu können, auf dass man sein Ziel oder seinen Weg nicht aus den Augen verliert, um sich einer Sache voll und ganz hingeben zu können. Unsere Welt ist so unberechenbar geworden, dass Kinder berechenbare Erwachsene brauchen, um sich zu orientieren und sicher zu fühlen. Das bedeutet, Eltern müssen Entscheidungen für Kinder treffen und sie parallel darauf vorbereiten, selbst Entscheidungen für sich zu treffen.

Die Verbindung zwischen Disziplin und der Rolle der Eltern als unmittelbares Vorbild erstreckt sich daher weit über die Kindheit hinaus. Mütter und Väter sind auch diejenigen, die ihre Kinder dazu ermutigen, diszipliniert und zielgerichtet in ihrem Bildungsweg und in ihren späteren Karrieren zu sein. Sie lehren ihre Kinder, wie wichtig es ist, Ausdauer und Selbstkontrolle zu entwickeln, um ihre Ziele zu erreichen. Dieses Verständnis von Disziplin und Selbstregulation kann lebenslangen Erfolg fördern.

Doch nicht nur die Erwartungen der Eltern, sondern auch die der Gleichaltrigen und später der Arbeitskolleginnen spielen eine wesentliche Rolle. Die gesellschaftlichen Standards und die Meinungen unserer Mitmenschen können den Kurs unseres Lebens beeinflussen und unser Verhalten sowohl positiv als auch negativ lenken; die Erwartungen, die unser soziales Umfeld an uns stellt, können uns motivieren oder auch behindern. Daher ist die sozial-emotionale Entwicklung der Kinder von großer Bedeutung und sollte sowohl in Kindertagesstätten als auch in Grundschulen eine zentrale Rolle einnehmen und in allen Bereichen Berücksichtigung finden.

Stimmen Sie diesen Aussagen zu? Wenn ja, warum? Wenn nein, was halten Sie dagegen?

Um zu wissen, wer wir wirklich sind und was wir wollen, müssen wir uns selbst immer wieder reflektieren und unsere Motivation, Haltung und unser Handeln immer neu hinterfragen. Was sind unsere Ziele im Leben? Welche Werte sind uns wichtig? Welche Erwartungen beeinflussen unser Handeln? Diese Selbstreflexion ermöglicht es uns, die Verbindung zwischen unseren persönlichen Werten, unserer Weltanschauung, Erziehung und den Erwartungen anderer zu erkennen und zu verstehen. Die Entscheidung, Disziplin und Anstrengungsbereitschaft zu zeigen, liegt letztendlich bei uns selbst.

Margitta Mühlzer (49), Geigenbauerin: Als Kind wurde mir schnell klar, dass ich in der Holzwerkstatt meines Vaters nur als das »Töchterchen« gesehen wurde. Das war bei meinen beiden Brüdern ganz anders. Ich kann mich daran erinnern, dass wir als Jugendliche, ich war 14 oder 15 Jahre alt, mit zur Messe fahren durften. Vater hatte dort einen Stand und stellte handgefertigte Möbel und Treppen aus. Meine Brüder, eineinhalb Jahre älter als ich, durften den potenziellen Kunden unsere Prospekte in die Hände drücken und den Treppenaufbau erklären, ich durfte Kaffee reichen. Da war mir klar, ich muss mich doppelt so hart anstrengen wie meine Brüder, um das zu erreichen, was ich will. Und so habe ich den Entschluss getroffen: Ab jetzt gehe ich meinen eigenen Weg. Heute bin ich die Erfolgreichste von uns Dreien und weiß, dass es wichtig ist, an sich selbst zu glauben und vor allem zu akzeptieren, dass Disziplin und Anstrengungsbereitschaft kein einfacher Weg sind. Es erfordert Ausdauer und die Bereitschaft, Rückschläge zu akzeptieren. Doch die Belohnung liegt darin, dass man sich selbst besser kennenlernt, um die eigenen Fähigkeiten weiß und so das Leben nach den eigenen Werten und Zielen gestalten kann.

Eigene Ziele als Entwicklungsmotor

Wäre es nicht wunderbar, wenn alle Eltern bzw. Erziehungsberechtigten sowie pädagogischen Fach- und Lehrkräfte eine Vision von einem selbstbestimmten Leben an die Kinder und Jugendlichen, mit denen sie zusammen sind, weitergeben würden? Denn insgesamt ist die Bedeutung von Disziplin, Selbstregulation und Anstrengungsbereitschaft im Kontext von Werten, Weltanschauung, Erziehung und Erwartungen anderer eine tiefgründige und komplexe Angelegenheit. Die Selbstreflexion und bewusste Entscheidung, diese Eigenschaften zu kultivieren, ermöglicht es uns, uns selbst zu entfalten und unser Leben in Einklang mit unseren inneren Überzeugungen zu führen. Wer wir sind und was wir wollen, wird somit zu einem wertvollen Kompass auf unserer Lebensreise.

Was macht eine erfolgreiche Umsetzung in Kita und Schule aus?

Wenn Kinder frühzeitig lernen, dass Anstrengungen zum Leben dazugehören, dass man sie freudig annehmen und sogar schätzen lernen kann und gleichsam auf das körperliche und psychische Wohlbefinden achten darf und muss, nehmen sie eine wichtige Erfahrung mit in ihr Leben. Denn **Aufgaben anzunehmen, umzusetzen und auch selbstbestimmt zu Ende zu bringen, ist eine Kompetenz**, die ihnen in der Zukunft hilft, auch unliebsame Situationen oder gar Probleme anzunehmen, sie zu bearbeiten und auch zu lösen. Durch solche Erfahrungen entwickeln sie wichtige Fähigkeiten, die ihnen im späteren Leben zugutekommen werden.

Disziplin ist ein Prozess, der Zeit, Geduld und kontinuierliche Unterstützung erfordert, um bei Kindern zu wachsen und sich zu festigen. Dabei ist nicht allein das monotone Abarbeiten von Aufgaben gemeint, sondern vielmehr eine allgemein erworbene, geforderte und geförderte Grundhaltung, jegliche Aufgaben, ob selbst gewählt oder von außen gefordert, erst einmal anzunehmen, sie dann zu prüfen und nach Bejahung aktiv und engagiert anzugehen. Und manchmal auch ohne Bejahung! Denn es wäre eine Illusion zu glauben, dass der familiäre, schulische und auch berufliche Alltag ein immer wiederkehrendes lustbetontes Flow-Erlebnis in sich birgt. Manchmal heißt es auch: »Augen zu und durch.« So berichten auch Künstler, Freigeister oder kreative Größen immer wieder davon, dass es Zeitphasen in ihrem Schaffen gab, indem sie einfach monoton bestimmte Aufgaben »abgearbeitet« haben, bevor der nächste kreative Schub stattfinden konnte.

Reflexionsfragen:

- Warum ist es sinnvoll, dass Kinder und Jugendliche auch erleben, dass es wichtig, dienlich und nützlich sein kann, wenn Aufgaben, auch wenn man sie nicht mag, erledigt werden müssen?
- Wie gehen Sie persönlich mit Aufgaben um, die Sie nicht mögen?
- Welche Aufgaben fallen Ihnen ein, die »einfach nur abgearbeitet« werden müssen, und welche, denen Sie sich mit Lust und Freude »hingeben«?

Lukas Brettschneider (27), Lagerist: Seit einem Jahr renoviere ich mit meinem Lebenspartner einen alten Rasthof. Er arbeitet Vollzeit als Lackierer, ich als Lagerist. Nach unserer normalen Arbeit, wir sind beide weiter aktiv, fahren wir zu unserem Hof, und los geht's. Abend für Abend, Wochenende für Wochenende. Natürlich haben wir dazu nicht immer Lust, aber was soll es, die Arbeiten müssen gemacht, die Aufgaben abgearbeitet werden. Wir wissen beide, wofür wir das machen. Unser Ziel haben wir immer vor Augen sowie auch eine Animation von unserem fertig renovierten Hof, auf dem wir dann leben werden. Das spornt uns an, das motiviert. Aber Hand aufs Herz, manchmal ist es schon hart. Dann schauen wir uns beide an und denken: »Nee, echt, ich hab keinen Bock mehr.« Und dann schmeißt mein Lebenspartner die Flip-Box an, und weiter geht's. Es muss ja nicht immer Spaß machen, aber mit toller Musik geht es leichter.

Unliebsame Aufgaben gehören zum Leben dazu!

Familien, die aus eigener Kraft die Selbstdisziplin ihrer Kinder fördern wollen, können sich an folgenden Ideen orientieren:

Klare Regeln und Erwartungen kommunizieren: Sprechen Sie mit Ihrem Kind spätestens ab Schuleintritt eindeutige Regeln zur Erledigung von Aufgaben ab. Auch mit kleineren Kindern können Hausregeln überlegt werden, um Aufgaben und Verantwortlichkeiten zu verteilen. Erläutern Sie Ihrem Kind Ihre Erwartungen an die Aufgabenerledigung und seien Sie genauso offen für Vorschläge des Kindes. Fragen Sie das Kind, welche Unterstützung es braucht, um die Aufgaben zu erfüllen. Stellen Sie sicher, dass die Regeln verständlich und altersgerecht sind. Achten Sie im Alltag auf Einhaltung der Regeln und Absprachen und unterstützen Sie das Kind dabei, selbstwirksam werden zu können. Machen Sie die (Teil-)Erfolge für das Kind sicht- und spürbar und halten Sie sich selbst als erwachsenes Vorbild auch an die vereinbarten Regeln und Absprachen.

Positive Verstärkung: Ermutigen und/oder loben Sie die Kinder für ihre (Teil-)Erfolge. Verstärken Sie diszipliniertes Verhalten und die Anstrengungsbereitschaft des Kindes durch positives Feedback.

Erkennen Sie auch schon die Bemühungen der Kinder sowie auch kleine Fortschritte der Kinder an, um sie zu motivieren, weiterhin diszipliniert, engagiert und selbstmotiviert zu handeln.

Vorbildfunktion: Zeigen Sie den Kindern durch Ihr eigenes Verhalten, wie Selbstdisziplin aussehen kann, indem Sie z. B. verbalisieren, dass Ihnen die Aufgabe gerade keinen Spaß macht, sie aber erledigt werden muss und Sie sie daher auch engagiert angehen und vor allem zu Ende bringen. **Auch sollten Sie selbst so diszipliniert sein und sich an vereinbarte Regeln halten, so wie Sie es auch von Ihren Kindern erwarten,** wie z. B. die Schuhe ins Schuhregal stellen oder die Materialien oder Arbeitsunterlagen sofort wieder wegräumen, wenn die Aufgabe erledigt ist. Und zeigen Sie den Kindern auch, wie man sich selbst lobt bzw. ermutigt, um eine Aufgabe durchzuhalten, indem Sie laut aussprechen, was in solch einer Situation hilfreich sein kann, wie z. B.: »Ich schaff' das, auch wenn es jetzt schwierig wird.« Oder: »Ich habe zwar keine Lust mehr, aber ich mach' das noch fertig.« Oder: »Ich streng' mich jetzt an, also Ohren auf, Augen auf und im Kopf wiederholen, was ich tun muss, dann passieren mir auch keine Fehler.« Oder: »Viele Hände, schnelles Ende – wenn alle jetzt mit anpacken, ist die Aufgabe schnell erledigt, also los.« Sicherlich haben auch Sie einen persönlichen Motivationsspruch für ungeliebte Aufgaben.

Konsequenzen: Legen Sie zusammen mit den Kindern oder Jugendlichen logische Konsequenzen für »Regelverstöße« oder nicht erledigte Aufgaben fest. Diese sollten nicht übermäßig streng sein, sondern nachvollziehbar und mit dem Ziel verbunden, dass die Kinder oder Jugendlichen aus ihren Fehlern lernen können. Schimpfen, anschreien oder das Kind/den Jugendlichen vorführen und lächerlich machen fördern Scham und Schuldgefühle und helfen dem Kind/Jugendlichen in der Situation nicht weiter. Eine fehlerfreundliche (Lern-)Atmosphäre hingegen fördert das »Selbertun« und hilft, Verantwortung für das eigene Handeln zu übernehmen. Wenn die Kinder und Jugendlichen bei der Auswahl an Konsequenzen für Regelverstöße beteiligt werden, halten sie sich meistens viel besser an die Vorgaben und Absprachen, als wenn der Erwachsene es allein und über ihren Kopf hinweg festlegt. Zu beachten sind auch immer das Alter und der Entwicklungsstand des Kindes. Denn mit einem

Zweijährigen kann und sollte man nicht über Konsequenzen, die ein Fehlverhalten zur Folge haben, sprechen oder gar diskutieren, da diese Kinder noch vollkommen ich-zentriert sind und vor allem immer bedürfnisorientiert handeln und explorieren, somit also kein Fehlverhalten zeigen.

Struktur und Routine: Kinder und auch Jugendliche profitieren von einer strukturierten Umgebung und festen Routinen, sofern diese nicht wie ein Korsett wirken und ihnen die »Luft zum Atmen« nehmen. Halt, Sicherheit und Orientierung sollten Routinen und Rituale geben, damit Kinder und Jugendliche lernen, ihre Zeit gut einzuteilen und sich zu organisieren. Wer genau weiß, was er zu tun hat und was von ihm erwartet wird, kann auch Verantwortung für die Aufgaben übernehmen lernen. Dass die Mitbestimmung und Selbstbestimmung der Kinder und Jugendlichen dabei ebenso eine wichtige Rolle spielen, versteht sich von selbst.

Ziele setzen: Helfen Sie dem Kind, sich realistische Ziele zu setzen und diese dann auch zu verfolgen, indem Sie mit ihm erarbeiten, wie man zu Zielen kommt und vor allem wie der Weg zum Ziel genau aussehen kann. Wer einen Plan hat, kann sich gut daran entlanghangeln. Durch die Erreichung von Zielen entwickeln Kinder und auch Jugendliche ein Gefühl der Selbstwirksamkeit und des Erfolgs, erleben sich wirkmächtig und entwickeln so neue Motivation, weitere Aufgaben zu bewältigen.

Eigenverantwortung fördern und Aufgaben zumuten: Geben Sie den Kindern und auch Jugendlichen die Möglichkeit, sich für Aufgaben zu entscheiden und muten Sie ihnen auch gleichsam Aufgaben zu. Die Zumutung ist ein wertvoller Helfer im Prozess, da sie das Vertrauen, welches wir dem Kind/Jugendlichen schenken, spürbar werden lässt. »Ich trau' dir das zu!«, »Ich vertrau' auf dich!«, »Ich glaub' an dich!« sind wichtige Aussagen, die auch den Glauben des Kindes an sich selbst stärken. Und muten Sie Kindern/Jugendlichen auch zu, sich entscheiden zu müssen, natürlich dem Entwicklungsstand angemessen. Eine Entscheidung zu treffen, ist immer mit Verantwortungsübernahme verknüpft. Und wie sollen Kinder und Jugendliche später für ihr Leben Entscheidungen treffen, wenn sie es als Kind bzw. Jugendliche nie geübt haben? Für das eigene Verhalten und auch eine Aufgabe Verantwortung zu übernehmen, stärkt die Selbstkontrolle und fördert die Selbstdisziplin des Kindes und auch der Jugendlichen.

Geduld und Unterstützung: Seien Sie geduldig und unterstützen Sie die Kinder und Jugendlichen auf ihrem Weg. Selbstdisziplin und Selbstregulation fallen nicht vom Himmel. Sie sind verknüpft mit Prozessen des Scheiterns und der Frustration. Daher ist es normal, dass Fehler passieren und es Rückschläge geben wird. Fehlerfreundlichkeit, Ermutigung und der Glaube ans Kind/an den Jugendlichen helfen jedoch, es erneut zu versuchen. Die positive Verstärkung und die wahrhaftige Unterstützung in Form von positivem Feedback oder konkreter Hilfestellung sollten die Kinder bei ihren Herausforderungen begleiten.

(Pädagogische) Spiele und Aktivitäten: Nutzen Sie Spiele und Aktivitäten, die die Disziplin fördern und die Selbstkontrolle der Kinder stärken. Dies können Bewegungsspiele oder Gesellschaftsspiele, die die Konzentration trainieren, sein. Bei Jugendlichen sind es andere Aktivitäten wie z. B. Tischtennis, Darts oder Schach.

Erziehungspartnerschaft: Die Zusammenarbeit zwischen Eltern und pädagogischen Fach- und Lehrkräften ist ebenso wichtig und entscheidend. Kommen Sie miteinander in einen offenen Austausch über die Förderung von Selbstdisziplin und Verhaltensregulation. Fachkräfte sollten Eltern erläutern, warum sie »so und so handeln« oder warum sie mit dem Kind diese oder jene Regel abgesprochen haben. Auch sollten sie die Eltern um Unterstützung bitten. Eine dialogische und wohlwollende Haltung kann der Nährboden für ein gemeinsames »An-einem-Strang-Ziehen« sein. Konkrete Absprachen wie z. B. ähnliche Vorgehensweisen lassen sich dann besser vereinbaren. Denn geteilte Verantwortung ist doppelter Gewinn fürs Kind.

Mut: Seien Sie mutig und trauen Sie sich zu, es auszuhalten, wenn Kinder oder Jugendliche rebellieren, sich auflehnen oder gar laut und ausfallend werden, weil Sie ihnen nicht sofort den Wunsch erfüllen, nachgeben und nicht bereit sind, aus Ihrem NEIN ein JA oder »Okay«, »Vielleicht« oder »Na gut« zu machen. Seien Sie standhaft. Bieten Sie Reibungsfläche. Denn durch Reibung »aneinander«, also im Austausch mit dem Kind oder Jugendlichen, entsteht »Wärme« – und Wärme lässt Bindung spürbar werden. Es ist für Kinder und erst recht für heranwachsende Jugendliche wichtig, auf Erwachsene zu treffen, die Entscheidungen treffen, die Klartext sprechen können, zu ihrer Meinung stehen und nicht »umkippen«, also nachgeben, nur weil das Kind oder der Jugendliche sauer wird und der Ton ruppiger und die Forderungen lauter werden.

Vertrauen Sie dem »**Nein, aus Liebe**«, so Jesper Juul (2018), der dänische Familientherapeut. Glauben Sie daran, dass Kinder und Jugendliche nicht Sie persönlich angreifen, wenn sie äußern: »Ich hasse dich.« Ihr »Hass« richtet sich nicht gegen Sie persönlich, sondern gegen die Autorität, die Sie als Erwachsener ausüben, um ihre Pläne zu durchkreuzen, Grenzen zu setzen oder auf Einhaltung von Vereinbarungen zu bestehen. Sie sind nicht begeistert von logischen Konsequenzen oder davon, wenn Sie diese konsequent und deutlich einfordern.

Unser gesellschaftliches Zusammenleben basiert auf dem Prinzip von Ursache und Wirkung: Jede Entscheidung führt zu einer logischen Konsequenz. Auf diese Realität müssen wir Kinder frühzeitig vorbereiten. Haben Sie also keine Befürchtung, dass Jugendliche Sie weniger lieben könnten, wenn Sie Klarheit und Bestimmtheit zeigen und damit eine Konfrontation bieten. Die Pubertät ist eine Zeit voller Herausforderungen – für alle Beteiligten.

Reflexionsfragen:

- Was denken Sie über die vorangegangenen Ideen? Gehen Sie im Alltag ähnlich vor? Finden Sie die Ideen passend? Hätten Sie Lust, eine davon auszuprobieren? Wenn ja, welche? Oder fehlt Ihnen noch etwas Wesentliches?
- Wie würden Sie mit Eltern, Kollegen oder Ausbilderinnen über das Fördern von Selbstdisziplin sprechen? Was wäre Ihnen dabei wichtig?
- Was machen Sie in Ihrem beruflichen Alltag oder Ihrer Familie schon, um Kinder zur Disziplin anzuleiten?
- Was hat sich bei Ihnen bewährt? Was könnte neu hinzukommen?
- Welche Spiele oder Herausforderungen fallen Ihnen für den Alltag ein, um die Verhaltensregulation und Selbstdisziplin der Kinder zu unterstützen?

Es ist wichtig zu beachten, dass die Entwicklung der Disziplin bei Kindern ein kontinuierlicher Prozess ist, der Zeit braucht. Es erfordert eine positive, unterstützende Umgebung und die Anerkennung der unterschiedlichen Persönlichkeit sowie individuellen Fortschritte jedes Kindes. Indem Sie eine Balance zwischen klaren Erwartungen und positiver Verstärkung schaffen, können Sie die Disziplin der Kinder stärken und ihnen wertvolle Fähigkeiten für ihr Leben mitgeben.

Jutta Wildhammer (43), Mutter von drei Söhnen, Hausfrau: Ich bin es leid, begründen zu müssen, warum ich »nur« Hausfrau und Mutter bin. Das ist meine Entscheidung. Und die habe ich bewusst getroffen. Ich will meine Söhne im Alltag begleiten, für sie Zeit haben, vor allem für Alex. Er hat ADHS und braucht viel Aufmerksamkeit. Und obwohl ich nicht arbeite, haben meine Söhne viele Aufgaben im Haushalt und am Haus zu erledigen. Meine Erwartungen sind hoch, auch schulisch. Das ist mir wichtig. Ich will keine Machos und auch keine lebensuntüchtigen Muttersöhnchen heranziehen. Sie sollen später einen guten Job haben und vor allem auch gut für sich selbst sorgen können, d. h. kochen, waschen, putzen usw. Daher haben sie auch bei uns Putz-, Wasch- und Küchendienste. Gemeckert wird dabei oft, aber das ist mir egal, denn ich weiß, dass die Jungs lernen müssen, auch unliebsame Aufgaben zu erledigen, das ist gut für sie. So werden sie unabhängig und können sich auch später als Erwachsene disziplinieren, wenn es um unliebsame Aufgaben im Job oder in der Familie geht.

Wichtige Persönlichkeiten und Disziplin

Nachdem Sie gerade gelesen haben, was Jutta Wildhammer über Disziplin denkt, möchten wir Sie jetzt einladen, sich mit den Gedanken bedeutsamer Persönlichkeiten aus verschiedenen Bereichen des Lebens zu beschäftigen. Welcher Aussage würden Sie zustimmen? Welchem Gedanken widersprechen? Von Politikern über Wissenschaftlerinnen bis hin zu Schriftstellern und Unternehmerinnen haben sich viele Menschen vor unserer Zeit ihre Gedanken über Disziplin gemacht und ihre Ansichten dazu geäußert. Vielleicht liefern sie Ihnen wertvolle Einsichten oder inspirieren Sie.

Mahatma Gandhi, der indische Unabhängigkeitsführer, hob die Bedeutung der Disziplin in der Organisation einer Armee hervor, die aus kleinen Gruppen von Menschen eine mächtige Streitmacht wachsen lässt (Gandhi/Dharampal-Frick (Hg.) 2015). **Jim Rohn** (2008), der einen entscheidenden Einfluss auf die Entwicklung von Motivationstraining und Motivations-Coaching hatte, sah in der Disziplin die Brücke zwischen Zielen und Erfolg, was zeigt, dass eine gut geplante und disziplinierte Herangehensweise notwendig ist, um Ziele zu erreichen.

Im wissenschaftlichen Bereich äußerten sich Psychologinnen und Psychologen wie **Angela Duckworth, Carol Dweck und Mihály Csíkszentmihályi** zu Disziplin, Selbstregulation und Erfolg. In ihrem Buch »Grit: The power of passion and perseverance« erklärt **Angela Duckworth** ihr Konzept von »Grit« und wie Leidenschaft und Ausdauer langfristig zum Erfolg führen können (Duckworth 2016). **Carol Dweck** (2006) präsentiert ihr Konzept des »Wachstumsdenkens« und zeigt auf, wie eine positive Einstellung zur Anstrengung und zum Lernen den Erfolg beeinflusst.

Csíkszentmihályi (1990) erläutert sein Konzept des »Flow« und wie Menschen in einem Zustand voller Konzentration und Hingabe die höchste Zufriedenheit und Erfüllung erleben können. Auch Schriftsteller und Literatinnen haben über Disziplin nachgedacht. **Maya Angelou** (1978), die bekannte Schriftstellerin und Bürgerrechtlerin, betonte die Notwendigkeit, Disziplin aufrechtzuerhalten, um gegen Ungerechtigkeit zu kämpfen, ohne dabei selbst ungerecht zu werden. Für **J. K. Rowling,** die Autorin der Harry-Potter-Reihe, ist Disziplin nicht nur in den besten Momenten wichtig, sondern vor allem in den schwierigsten Zeiten, wenn es darum geht, standhaft zu bleiben und an den eigenen Zielen festzuhalten (Rowling 2008).

Auch erfolgreiche Unternehmer haben die Bedeutung von Disziplin erkannt. **Bill Gates** (1996), Mitbegründer von Microsoft, erläuterte, dass Disziplin der Schlüssel zum Erfolg in allem sei, was man tut. **Steve Jobs,** Mitbegründer von Apple Inc., stellte heraus, dass Disziplin eine Wahl ist, die wir treffen, um unsere langfristigen Ziele zu erreichen, selbst wenn es uns manchmal schwerfällt (Isaacson 2011).

In all diesen Ansichten und Zitaten wird deutlich, dass Disziplin als eine essenzielle Tugend betrachtet wird, die Menschen dazu be-

fähigt, ihre Ziele zu erreichen, Hindernisse zu überwinden und ihr volles Potenzial auszuschöpfen. Sie ist eine Eigenschaft, die in allen Bereichen des Lebens geschätzt wird, sei es in der Politik, Wissenschaft, Literatur oder im Unternehmertum.

Reflexionsfragen:

- Was denken Sie über die Ansichten der Persönlichkeiten, die gerade benannt wurden? Teilen Sie diese?
- Kennen Sie auch eine wichtige Person, die Sie gern zitieren würden, wenn es um das Thema Disziplin geht?
- Was wäre Ihr persönliches Zitat zum Thema Disziplin?

In der Geschichte der Pädagogik des deutschsprachigen Raumes haben verschiedene herausragende Persönlichkeiten unterschiedliche Ansichten zu Disziplin und ihrer Bedeutung in der Bildung vertreten.

Ein Beispiel ist **Johann Heinrich Pestalozzi** (1746–1827), ein Schweizer Pädagoge, der die Disziplin als einen zentralen Bestandteil der Bildung ansah. Pestalozzi (1806) betonte, dass Disziplin nicht nur äußerlich auferlegt werden, sondern von innen heraus kommen sollte. Er glaubte daran, dass Kinder Verantwortung für ihr eigenes Lernen übernehmen sollten und dass Disziplin auf diese Weise effektiver erworben werde. Eine weitere einflussreiche Figur ist **Kurt Hahn** (1886–1974), der Gründer der Schule Schloss Salem. Hahn (1958) legte großen Wert auf Charakterbildung und persönliche Verantwortung als Schlüsselkomponenten der Disziplin. Seine »Outward-Bound«-Programme waren darauf ausgerichtet, die Selbstdisziplin der Schüler zu fördern, indem sie sich persönlichen Herausforderungen stellten. Auf der anderen Seite des Spektrums stehen Ansichten von Pädagoginnen wie **Maria Montessori** (1870–1952), die eine Methode entwickelte, die die Eigenmotivation der Kinder betont. Montessori (1967) glaubte, dass Kinder in einer vorbereiteten Umgebung arbeiten sollten, in der sie ihre eigenen Entscheidungen treffen können. Sie war der Ansicht, dass Kinder, wenn sie die Freiheit haben, ihren eigenen Interessen nachzugehen, Disziplin und Selbstregulierung auf natürliche Weise entwickeln.

Ein weiterer herausragender Pädagoge, **John Dewey** (1859–1952), betonte die Bedeutung der Motivation und des Interesses der Kinder am Lernprozess. Dewey glaubte, dass Bildung nicht nur eine Vorbereitung auf das Leben sein sollte, sondern das Leben selbst. Er ermutigte Lehrer dazu, Lernumgebungen zu schaffen, die auf den Interessen der Schüler basieren, um die intrinsische Motivation und Disziplin zu fördern (Dewey/Oelkers (Hg.) 1930). In Österreich spielte **Rudolf Steiner** (1861–1925) eine bedeutende Rolle in der Pädagogik. Als Begründer der Waldorfpädagogik betonte Steiner (1909) die ganzheitliche Entwicklung des Kindes. Die Waldorfschule, die auf seinen Prinzipien basiert, setzt auf die innere Motivation der Schülerinnen und fördert ihre individuellen Interessen und Fähigkeiten. Steiner betonte, dass Disziplin aus dem Verständnis, der Freiheit und der Liebe zum Lernen entstehen sollte anstatt durch äußere Kontrolle.

Reflexionsfragen:

- Was denken Sie über die verschiedenen Perspektiven, die wir beleuchtet haben?
- Wir haben unser Verständnis von Disziplin in der Pädagogik und Psychologie vertieft. Wie sieht es bei Ihnen aus? Was ist jetzt anders bzw. hat sich bei Ihnen verändert, nachdem Sie das vorangegangene Kapitel gelesen haben?
- Es ist wichtig, dass wir die verschiedenen Ansichten über Disziplin respektieren und eine unterstützende und fördernde Umgebung schaffen – wie könnte die Ihrer Auffassung nach in Ihrer Familie, Kita, Schule, Ihrem Betrieb aussehen?
- Wie sähe Ihre These zu Disziplin aus? Notieren Sie diese These und überlegen Sie sich passend dazu verschiedene Argumente, um Ihre These zu unterstützen oder auch zu widerlegen. Zu welchem Ergebnis kommen Sie?

Disziplin – unsere These, Antithese und Synthese

Die Reflexionsfrage des letzten Kapitels lud Sie ein, eine These zur Disziplin zu formulieren und mit Argumenten zu untermauern oder zu entkräften. Jetzt bieten wir Ihnen unsere These an und haben sie gleichsam um eine Antithese ergänzt, nur um sie danach in eine Synthese zu überführen:

These: Der konservative Ansatz, der Disziplin als äußere Kontrolle und Einhaltung von Regeln betont, ist notwendig, um Kindern klare Strukturen, Sicherheit und auch Grenzen mit Blick auf das Miteinander zu vermitteln, um so ihr soziales Verhalten zu fördern.

Antithese: Der alternative Ansatz, der Disziplin als intrinsische Motivation und Selbstregulierung betrachtet, ist notwendig, um Kinder zu ermutigen und zu stärken, damit sie sich eigene Ziele setzen, lernen, für diese dann einzustehen, und alles geben, um sie schlussendlich auch zu erreichen bzw. erfolgreich umzusetzen. So lernen sie, für sich, ihr Verhalten und ihr Leben Verantwortung zu übernehmen.

Synthese: Beide Ansätze der Disziplin haben Berechtigung – sie sind notwendig und wichtig, um Kinder ganzheitlich zu unterstützen und deren emotional-soziale Entwicklung zu begünstigen.

Wie stehen Sie zu unserer These und Antithese? Gleichen Sie Ihre These mit unserer These ab. Und was denken Sie über unsere Synthese? Schreiben Sie Ihre Gedanken bzw. Interpretation gern auf oder kommen Sie mit einer Kollegin, einem Kollegen oder Ihrer Lebenspartnerin, Ihrem Lebenspartner darüber ins Gespräch.

Erziehung braucht Autorität und innere Klarheit – ein Erläuterungsversuch

Die konservative Interpretation von Disziplin betont die Bedeutung von Autorität und klaren Regeln als Orientierungspunkten, um Kindern Struktur und soziales Verhalten zu vermitteln. **Kinder lernen durch klare Grenzen und logische Konsequenzen, was in der Gesellschaft sozial akzeptabel, gewünscht und gesellschaftsbedingt in Ordnung ist** und wie sie sich somit in der Öffentlichkeit, der sozialen Gemeinschaft oder in Gruppen verhalten sollten. Diese Form von Disziplin schafft ein Umfeld, in dem Kinder zwar als Individuen wahrgenommen werden, gleichzeitig jedoch auch lernen müssen, dass es viele andere Individuen mit den gleichen Rechten gibt und sie daher Rücksicht und Umsicht lernen sowie Verantwortung für das eigene Handeln übernehmen müssen, indem sie Konsequenzen für ihr Verhalten erleben, wenn Sie gegen Regeln und soziale Umgangsformen verstoßen. Man kann sich nicht immer genau so verhalten, wie es einem beliebt.

So funktioniert soziales Miteinander nicht. Wer Aufgaben nicht übernehmen will oder diese nur rudimentär erledigt, stößt im sozialen Miteinander schnell an Grenzen. Wer sich ganz verweigert, wird zum Außenseiter oder gerät in einen Konflikt. **Daher brauchen Kinder Erwachsene, die natürliche Autoritäten sind und sich dieser Verantwortung auch stellen.** Mehr dazu lesen Sie auch in Kapitel 2 ab Seite 89.

Das Lust-Unlust-Prinzip funktioniert im Zusammensein mit anderen nur bedingt und bisweilen gar nicht. Denn unser Leben in der sozialen Gemeinschaft folgt einem anderen Prinzip, dem »Wenn – Dann«-Prinzip, das logische Konsequenzen unmittelbar mit der zuvor getroffenen Entscheidung und dem darauffolgenden Verhalten verknüpft, wie Sie schon lesen konnten. Luise Temmler ist seit über siebzehn Jahren als Tagesmutter tätig und berichtet von ihren Erfahrungen.

Luise Temmler (56), Tagesmutter:
Meine Arbeit mit den Kindern ist nicht immer leicht und dennoch macht sie mir nach wie vor viel Freude. Die Arbeit mit den Eltern leider immer weniger. Wenn ich sehe, wie unsicher und schwammig, wenig klar und berechenbar die jungen Mütter und auch Väter mit ihren Kindern umgehen, frage ich mich oft, was aus den Kindern werden soll. Die bekommen spätestens in der Kita und vor allem in der Schule Probleme, denn da sind sie ein Kind von vielen und können nicht immer im Mittelpunkt stehen.

Warum sagen die Mütter und Väter nicht einfach mal NEIN oder »Das machen wir jetzt, und Punkt.«? Da wird stundenlang rumdiskutiert und schon dem Zweijährigen versucht zu erklären, warum er jetzt die Stoppersocken aus- und die Schuhe anziehen muss. Wenn ich die Eltern beobachte, frage ich mich oft, ob sie zum einen Angst haben, die Liebe und Zuneigung ihrer Kinder zu verlieren, wenn sie Nein sagen würden, oder zum anderen wirklich glauben oder darauf warten, dass der Zweijährige ihnen irgendwann zustimmen wird, indem er sagt: »Ach Mama, du hast das so toll erklärt, jetzt habe ich es verstanden und selbstverständlich ziehe ich daher auch die Schuhe an, obwohl ich lieber die Stoppersocken anbehalten würde.« Das wird nicht passieren. Viel leichter wäre es fürs Kind, wenn die Eltern liebevoll, jedoch klar und eindeutig wären, nach dem Motto: »Jan, jetzt ziehst du die Stoppersocken aus und die Schuhe an. Komm, ich helfe dir, oder kannst du das schon allein?« – Ich sag' Ihnen, der Jan würde sofort loslegen, da solch eine Ansprache ihn wertschätzt und gleichzeitig herausfordert. Aber stattdessen sagt die Mutter: »Ach Jan, Luise macht jetzt Feierabend und wir wollen doch noch einkaufen gehen. Und schau mal, es ist schon spät. Was meinst du? Soll Mama dir schon mal die Stoppersocken ausziehen? Wäre das okay?« Drei Fragen an einen Zweijährigen – ich an seiner Stelle würde jetzt weiterspielen. Und was soll das immer mit dem OKAY am Ende des Satzes? Kinder müssen doch nicht immer alles okay finden, was die Erwachsenen sagen. Und vor allem öffnet eine Frage am Ende des Satzes die Tür für ein NEIN des Kindes, weil es sich ja scheinbar entscheiden soll. Scheinbar, denn eigentlich war ja die Frage als Aufforderung gedacht. Kommt bei den Kleinen aber so nicht an. Und was, wenn Jan sich dann wirklich entscheidet und Nein sagt, wenn die Mutter ihn schon fragt? Sie merken schon, worauf ich hinauswill. Eltern müssen klar sein. Eindeutig sein. Eine natürliche positive Autorität sein, das hilft Kindern, ihren eigenen Weg zu finden und letztendlich auch sich zu entscheiden. »Jan, wir ziehen jetzt die Schuhe an. Soll ich dir helfen oder willst du es allein versuchen?« Klar, eindeutig, und Jan kann sich entscheiden. Und ich sag' Ihnen eines, er wird sich entscheiden, obwohl er erst zwei Jahre alt ist. Ich mache die Tagespflege jetzt seit 17 Jahren und fahre sehr gut damit. Die Kinder kommen gern und freuen sich jeden Tag auf mich. Sie wissen jedoch auch genau, wie sie bei mir dran sind. Was sie alles allein entscheiden dürfen und wo es von mir klare Vorgaben oder Grenzen gibt. Das ist eine gute Kombi. Und wenn mich die Eltern dann jedes Jahr aufs Neue fragen »Wie machen Sie das nur, dass fünf kleine Kinder unter drei Jahren so glücklich und zufrieden zusammen sind?«, dann lächle ich und fange wieder an zu erklären, warum es für Kinder wichtig ist, ihnen mit Klarheit, Liebe und als natürliche Autorität zu begegnen.

Reflexionsfragen:

- Was denken Sie über das Statement von Luise Temmler? Finden Sie es übertrieben?
- Wie erleben Sie die Eltern in Ihrer Kita/Schule/Nachbarschaft?
- Und wenn Sie selbst Eltern sind – was macht es mit Ihnen, wenn Sie die Ausführungen der Tagesmutter lesen? Was denken oder fühlen Sie gerade?

Intrinsische Motivation als Entwicklungsmotor

Kindern mit Klarheit, Liebe und natürlicher Autorität zu begegnen, hilft ihnen, wie Luise Temmler es beschreibt, nicht nur, um Sicherheit und Orientierung in ihrem Leben zu gewinnen, sondern vielmehr auch, um intrinsisch motiviert selbstwirksam zu werden. Die alternative Interpretation der Disziplin betont daher auch die Bedeutung von intrinsischer Motivation und Selbstregulierung.

Kinder werden als Subjekte geboren, wollen und sollen so auch wahrgenommen und dementsprechend geachtet, ermutigt und gefördert werden, um sich zu selbstbewussten Persönlichkeiten zu entwickeln, brauchen jedoch auch Führung und Sicherheit. Dies ist wichtig und grundlegend, damit sie in ihrem Leben in der Lage sind, sich eigene Ziele zu setzen und ihre eigenen Interessen zu verfolgen. Diese Art von Disziplin ermöglicht es Kindern, ein Gefühl der Eigenverantwortung und Selbstwirksamkeit zu entwickeln, um die eigenen individuellen Stärken, Talente, Potenziale und Fähigkeiten zu entdecken. In der Synthese wird deutlich, dass beide Ansätze ineinanderfließen können und beide Ansätze auch notwendig sind, um Kinder ganzheitlich auf das Leben im Hier und Jetzt, vor allem aber in der Zukunft vorzubereiten.

Die äußere Disziplin schafft die Grundlage für soziales Miteinander und bahnt den Weg für entsprechendes soziales Verhalten und Verantwortungsbewusstsein, wenn Eltern oder pädagogische Fachkräfte Kindern z. B. vermitteln, was in ihrer bzw. dieser Lebenswelt wirklich erlaubt und ernsthaft verboten ist. **Gleichzeitig ermöglicht die innere Disziplin die Entwicklung von intrinsischer Motivation, die Kinder benötigen, um eigene Ziele, gar Visionen zu entwickeln und ihre eigenen Interessen zu verfolgen.** Wenn Kinder an Entscheidungen beteiligt und gleichsam ermutigt werden, sich mit ihrer eigenen Meinung einzubringen, trauen sie sich auch, Dinge in Frage zu stellen. Somit fördert beides, die äußere wie innere Disziplin, ihre individuelle Entwicklung und stärkt ihr Selbstbewusstsein.

Die Kombination bzw. Adaption beider Ansätze kann eine ausgewogene erzieherische, gar pädagogische Umgebung erschaffen, **in der Kinder klare Strukturen, Sicherheit und Regeln erlernen können, bei gleichzeitigem Freiraum für Selbstentwicklung, Selbstbestimmung und Selbstentdeckung.** Unserer Meinung nach ist es daher wichtig, dass pädagogische Fachkräfte, Lehrkräfte und vor allem auch Eltern diese beiden Ansätze bzw. Interpretationen nicht als gegensätzliche Konzepte betrachten, sondern als ergänzende Elemente, die gemeinsam die Entwicklung von Kindern unterstützen und fördern.

Das Fundament jedes erfolgreichen Lebensweges, die Fähigkeit zur Selbstregulation

Friedrich Schiller, ein deutscher Dichter und Philosoph, erkannte die Bedeutung von Selbstüberwindung und Disziplin. Er sagte: »Der starke Mensch ist am mächtigsten allein.«[6] **Carl Gustav Jung** (1963), ein Schweizer Psychiater und Psychoanalytiker, betonte die Bedeutung der individuellen Selbstentwicklung. Er erklärte: »Wer nach außen schaut, träumt; wer nach innen schaut, erwacht.«[7] Diese Sichtweise betont, dass Disziplin entsteht, wenn wir uns auf unsere inneren Werte und Ziele konzentrieren. **Konrad Adenauer,** der erste Bundeskanzler der Bundesrepublik Deutschland, sagte: »Der Wille ist ein Werkzeug. Und wenn die anderen glauben, man ist am Ende, so muss man erst richtig anfangen.«[8] Adenauer erkannte, dass der Wille zur Disziplin ein entscheidendes Werkzeug ist, um Herausforderungen zu meistern und erfolgreich zu sein. In der Pädagogik betonte **Maria Montessori** (1997) die Bedeutung einer unterstützenden Umgebung, um die innere Disziplin zu entwickeln. Sie erklärte: **»Hilf mir, es selbst zu tun.«** Montessori war es wichtig, darauf hinzuweisen, dass die Rolle und Haltung der Pädagogen entscheidend

---

6 Friedrich Schiller: Der Starke ist am mächtigsten allein: Zitate – Aphorismen – Lebensweisheiten (https://zitate-aphorismen.de/zitat/der-starke-ist-am-maechtigsten-allein/ [letzter Aufruf: 21.05.2024]).

7 Bekanntes Zitat C. G. Jungs.

8 Bekannte Zitate Konrad Adenauers (https://www.youtube.com/watch?v=CNFE-7aJn4P4 [letzter Aufruf: 21.05.2024]).

sind, um Kindern zu helfen, ihre eigenen Fähigkeiten und Interessen zu entdecken und intrinsische Motivation zu entwickeln. Auch ihr war die Fähigkeit zur Selbstregulation wichtig, daher waren alle ihre Materialien so konzipiert, dass die Kinder die Möglichkeit zur Selbstkontrolle hatten. Fördern und fordern war ein Baustein in ihrem pädagogischen Konzept.

Die Synthese aus beiden Ansätzen der Disziplin macht deutlich, dass die äußere Disziplin (klare Strukturen und Normen schaffen, an denen sich ein Kind orientieren kann) und die innere Disziplin bzw. intrinsische Motivation (die uns dazu antreibt, unsere Ziele zu verfolgen und unsere Leidenschaften zu entdecken) ihre Berechtigung haben und die Kombination aus beiden wichtig und richtig ist. Diese Kombination ermöglicht es uns erst, Hindernisse zu überwinden und Herausforderungen anzunehmen, während wir gleichzeitig unser persönliches Wachstum und unser Selbstbewusstsein stärken.

Disziplin und Anstrengungsbereitschaft sind das Fundament, das uns ermutigt, unser volles Potenzial auszuschöpfen und unser Leben nach unseren eigenen Vorstellungen zu gestalten.

Reflexionsfragen:

- Was denken Sie über die beiden Ansätze? Lassen Sie sich Ihrer Wahrnehmung nach gut im Alltag zusammenbringen?
- An welcher Stelle würden Sie gern widersprechen? Was regt Sie auf? Wo würden Sie protestieren? Holen Sie Luft, und raus damit!
- An welcher Stelle stimmen Sie zu? Und warum?
- Wie stehen Sie zur Fähigkeit zur Selbstregulation? Sehen Sie diese als bedeutsam an?
- Und was meinen Sie, kann man Selbstregulation und Disziplin kaufen?

Armut als Entwicklungsstörer?

Die Frage, ob sich Disziplin kaufen lässt, kann scheinbar einfach beantwortet werden:

Disziplin als persönliche Eigenschaft oder Fähigkeit, sich selbst zu motivieren und zu kontrollieren, um Ziele zu erreichen, kann man nicht direkt kaufen. Sie basiert auf inneren Werten, Selbstmanagement, Willenskraft und der Fähigkeit, auf Belohnungen zu warten oder unmittelbare Bedürfnisse zugunsten langfristiger Ziele zurückzustellen. Diese Komponenten von Disziplin **entwickeln und stärken sich durch Erziehung, persönliche Erfahrungen, Selbstreflexion und Übung.**

Allerdings gibt es Mittel und Wege, in die Entwicklung von Disziplin zu investieren. Dazu gehören Bildung, Coaching, Mentoring oder auch Therapien, die darauf abzielen, Selbstführungsfähigkeiten, Selbstkontrolle und Zielsetzungskompetenzen zu verbessern. Auch der Zugang zu Ressourcen, die die persönliche Entwicklung fördern, wie Bücher, Kurse oder Workshops, kann eine Investition in die eigene Disziplin darstellen. Doch was, wenn dafür kein Geld vorhanden ist und die frühe Prägung durch Erziehung eher kontraproduktiv wirkt?

Und so bedarf die Frage, ob man Disziplin und Selbstregulation kaufen kann, einer tiefgreifenden Betrachtung der **Unterschiede zwischen finanziell »armen« und »reichen« Familien sowie des Einflusses des Bildungsstatus auf die Entwicklung** dieser wichtigen Eigenschaften. Die Forschung hat gezeigt, dass der Zugang zu Ressourcen und Bildung einen erheblichen Einfluss auf die Entwicklung von Disziplin und die Entstehung von selbstregulativen Fähigkeiten hat.

Elitäre Bildungseinrichtungen, die in der Regel von wohlhabenden Familien besucht werden, bieten zudem ihren Schüler:innen oft eine Vielzahl von Ressourcen und Unterstützungsmöglichkeiten zur Entwicklung von Disziplin. Diese Schulen haben oft kleinere Klassen, ein besseres Lehrer-Schüler-Verhältnis und Zugang zu exklusiven Sport- und Kunstprogrammen. Schüler haben häufig eine große Anzahl von außerschulischen Aktivitäten zur Auswahl, die dazu beitragen können, ihre Kreativität, Individualität, Selbstkontrolle und Ausdauer zu stärken.

Auf der anderen Seite haben Kinder bzw. Schüler:innen aus von Armut betroffenen Familien möglicherweise nicht den gleichen Zugang zu solchen Ressourcen und Chancen. **So haben beispielsweise alle Eltern in Deutschland seit zehn Jahren einen Rechtsanspruch auf einen Betreuungsplatz, und doch gab es im Jahr 2023**

für 279.000 Kinder unter drei Jahren keinen Platz in einer Kindertageseinrichtung. Das zeigten Berechnungen des Instituts der deutschen Wirtschaft auf Basis neuster Daten des Statistischen Bundesamtes aus dem Jahr 2024.

Kein Kindergartenplatz, später dann überfüllte Klassen, begrenzte Lehrerressourcen und ein Mangel an außerschulischen Angeboten können die Entwicklung von Kreativität, Individualität und auch Selbstkontrolle sowie Disziplin erschweren. Darüber hinaus **können ein niedrigerer Bildungsstatus und ärmliche Verhältnisse dazu führen, dass Kinder weniger über die Bedeutung von Selbstregulationsfähigkeiten, Selbstbestimmung und Disziplin erfahren** bzw. erleben und somit wahrscheinlich auch weniger Möglichkeiten haben, diese Fähigkeit zu trainieren und zu entwickeln.

Zahlreiche Forschungsergebnisse zeigen auch, dass ein niedriger Bildungsstatus und ein niedriger sozioökonomischer Status zu einem erhöhten Risiko für »ungünstige« Angewohnheiten wie Übergewicht (McLaren 2007), Alkoholkonsum (Klein/Schneider/Löwel 2001), Rauchen (Kotz/Kastaun 2020), Bewegungsmangel (van der Horst/Oenema/Ferreira/Wendel-Vos/Giskes/van Lenthe/Brug 2007) und ungesunde Ernährung (Darmon/Drewnowski 2008) führen kann. **Menschen mit geringerer Bildung und geringerem Einkommen haben tendenziell einen schlechteren Zugang zu gesunden Lebensstilen und oft auch Gesundheitsinformationen.** Dies kann zu einer geringeren Motivation führen, gesunde Gewohnheiten zu entwickeln, was sich in Form von Übergewicht, ungesunder Ernährung und mangelnder körperlicher Aktivität manifestieren kann.

Die Forschung der letzten Jahre hat leider auch gezeigt, **dass der soziale Hintergrund eines Menschen einen starken Einfluss auf die Entwicklung von Selbstkontrolle und Disziplin hat.** Zum Beispiel ergab eine Studie von Mischel, Shoda und Rodriguez (1989), dass Kinder aus sozial benachteiligten Verhältnissen dazu neigen, schlechtere Leistungen bei Aufgaben mit Selbstkontrolle aufzuweisen.

Das bringt Konsequenzen mit sich. **Die Psychologin Verena Friederike Hasel (2023) betont, dass Ausdauer und Kreativität Schlüsselqualifikationen für die Zukunft darstellen.** Wer diese Fähigkeiten in jungen Jahren nicht trainiert oder trainieren kann, steht vor erheblichen Herausforderungen. In einer Ära, in der künstliche Intelligenz zunehmend an Bedeutung gewinnt und sogar Berufsfelder verändert oder ersetzt, wird die Frage immer drängender, welche Fertigkeiten Kinder entwickeln müssen, um sich in der Zukunft zu behaupten. In ihrem Werk »Das krisenfeste Kind« widmet sich Verena Friederike Hasel intensiv dieser Thematik. Sie hat dabei herausragende und überdurchschnittlich erfolgreiche Schulen in Finnland und Deutschland untersucht. Ihr Schluss: **Für die Zukunft sind es nicht zwangsläufig die traditionellen Schulfächer, die Kinder benötigen, sondern es geht vielmehr um die Förderung von Kreativität und Selbstregulation.** Vor allem dann, wenn dies im Elternhaus nicht entsprechend gefördert und trainiert wird.

Ist wohlhabend zu sein daher ein Entwicklungsvorteil?

Kinder aus wohlhabenden Familien haben oft einen stabileren und unterstützenden familiären Hintergrund, der es ihnen erleichtert, bestimmte Fähigkeiten wie z. B. Kreativität oder Disziplin zu entwickeln. Eine relevante Studie von Yoshikawa, Aber und Beardslee (2012) untersuchte die Auswirkungen des elterlichen Einkommens auf die kognitive und soziale Entwicklung von Kindern. **Die Ergebnisse zeigten, dass Kinder aus einkommensstärkeren Familien tendenziell bessere Schulleistungen erzielten und ein höheres Maß an Selbstregulation und Disziplin aufwiesen** als Kinder aus einkommensschwächeren Familien (Yoshikawa/Aber/Beardslee 2012). Dies muss natürlich nicht immer so sein. Vielmehr weiß man durch die Resilienzforschung auch um die vielen Kinder aus ärmlichen Verhältnissen, die sich durch Fleiß, Disziplin und enormes Durchhaltevermögen nach »oben« gekämpft haben und sehr erfolgreich in ihrem Leben wurden.

Dennoch gibt es auch neuere Untersuchungen, z. B. von Conger, Conger und Martin (2010), die sich mit dem Zusammenhang zwischen sozialem Hintergrund und Selbstregulation bei Jugendlichen beschäftigten. Die Autoren fanden heraus, **dass Jugendliche aus Familien mit höherem Einkommen und Bildungsniveau tendenziell bessere Fähigkeiten zur Selbstregulation und zur Entwicklung von Disziplin aufwiesen als Kinder aus sozial schwächeren Familien** (Conger/Conger/Martin 2010). Dies hat möglicherweise auch mit dem Zugang zu Bildungseinrichtungen zu tun, die diese Fähigkeiten gezielt früh und intensiv fördern. Sicherlich muss auch dies nicht immer so sein, allerdings ist es tendenziell der Fall, obwohl es auch zahlreiche Ausnahmen gibt. Die Schere zwischen Arm und Reich klafft nicht nur in Deutschland und Österreich auseinander, sondern auch in vielen anderen Ländern weltweit, Tendenz stark steigend.

Zudem haben Kinder aus einkommensschwächeren Familien oft mit widrigeren Lebensumständen zu kämpfen, die die Entwicklung von Disziplin, Kreativität und Selbstkontrolle erschweren können. Aus der Resilienzforschung ist jedoch, wie gerade schon angedeutet, bekannt, dass es Hoffnung gibt. **Selbst unter schwierigsten Lebensumständen oder in von Armut bedrohten oder betroffenen Familien können Kinder erstaunliche Resilienz und die Fähigkeit zur Kreativität, Selbstwirksamkeit, Disziplin und Selbstkontrolle entwickeln.** Ein bemerkenswertes Beispiel hierfür ist die »Kauai Longitudinal Study« (Werner/Smith 1982), die in den 1950er Jahren in Hawaii begann und sich mit der Entwicklung von Kindern auf der Insel Kauai befasste.

In dieser Studie wurde eine Gruppe von Kindern aus wirtschaftlich benachteiligten Verhältnissen über mehrere Jahrzehnte hinweg begleitet. Obwohl viele dieser Kinder in Armut aufwuchsen und mit verschiedenen Risikofaktoren wie familiären Problemen und mangelndem Zugang zu Bildung konfrontiert waren, zeigte eine beträchtliche Anzahl von ihnen erstaunliche Resilienz und positive Entwicklungen im Laufe ihres Lebens.

Ein Schlüsselergebnis dieser Studie war, dass Faktoren wie ein unterstützendes soziales Umfeld, Mentor:innen und Bildungschancen einen erheblichen Einfluss auf die Fähigkeit dieser Kinder zur Entwicklung von Disziplin und Selbstkontrolle hatten. Diese Kinder konnten trotz ihrer schwierigen Lebensumstände erfolgreich (Bildungs-)Ziele erreichen und gesunde Lebensentscheidungen treffen.

Was denken Sie über die Aussagen und Thesen in diesem Textbaustein? Was erleben Sie in Ihrem Alltag, Ihrer täglichen Praxis in Kita oder Schule? Stimmen Sie zu? Sehen Sie es anders? Wie ist Ihre Meinung dazu?

Ungleichheiten überwinden – Bildungschancen ermöglichen

Um Ungleichheiten zu überwinden, ist es wichtig, dass Bildungssysteme und die Gesellschaft insgesamt sich für gerechtere Bildungschancen einsetzen. **Investitionen in Bildungseinrichtungen, Erzieher- und Lehrerfortbildung und gezielte Unterstützungsprogramme für Kinder** aus benachteiligten Verhältnissen können dazu beitragen, die Entwicklung von Disziplin und Selbstkontrolle zu fördern. Zugleich müssen wir uns **aber auch mit den strukturellen Problemen auseinandersetzen, die zu solchen Ungleichheiten führen,** und Maßnahmen ergreifen, um soziale Gerechtigkeit und Chancengerechtigkeit zu fördern.

Gezielte Unterstützungsprogramme, die auf die individuellen Bedürfnisse der Kinder abzielen, wie Mentoring-Programme oder Programme zur Förderung sozialer und emotionaler Fähigkeiten könnten flankierend neben der institutionellen Betreuung im frühkindlichen Bereich angeboten werden. Hier gilt jedoch zu erwähnen, **dass ein reines »Buddy-Prinzip« wahrscheinlich nicht ausreicht.** Kinder brauchen positive Vorbilder, die ihnen Halt, Orientierung und Liebe geben, die Grenzen setzen, sie fördern und fordern, indem sie Leistung und Engagiertheit verlangen. Denn der Status Quo in Familie und Gesellschaft überträgt sich auf die Grundhaltung der Kinder.

Ist jedoch eine ganze Generation nur noch auf Hedonismus und Genussmaximierung ausgerichtet, wird es schwer, den Kindern andere Werte zu vermitteln. (Hedonismus ist eine philosophische Richtung, die das Streben nach Vergnügen und die Vermeidung von Schmerz als höchstes Gut und Hauptmotivation menschlichen Handelns ansieht.) Es braucht daher Unterstützungsprogramme für Familien sowie ein allgemeines Umdenken in der Gesellschaft. Denn in der Praxis gibt es zahlreiche Beispiele, die aufzeigen, wie der Zugang zu Bildung und Ressourcen einen Unterschied in der Entwicklung von Kreativität, Selbstwirksamkeit, Disziplin und Selbstkontrolle macht. Ein prominentes Beispiel ist das Programm »Head Start« in den USA, das darauf abzielt, Kindern aus einkommensschwachen Familien eine frühkindliche Bildung zu bieten. Studien (Zhai/Brooks-Gunn/Waldfogel 2011; Barnett/Masse 2007; Reynolds/

Temple 1998) haben gezeigt, dass Kinder, die an diesem Programm teilnehmen, später in ihrem Leben eine höhere Disziplin und bessere akademische Leistungen aufweisen.

Ein weiteres Beispiel ist das **Bildungssystem in Finnland,** das für seine hohe Bildungsqualität und Gleichheit bekannt ist. In Finnland haben Kinder unabhängig von ihrem sozioökonomischen Status Zugang zu qualitativ hochwertiger Bildung und Ressourcen. Dies hat dazu beigetragen, dass finnische Schüler:innen im internationalen Vergleich sehr gute Leistungen erzielen und eine hohe Disziplin in Bezug auf ihre Lernprozesse zeigen.

Geschichtlich betrachtet gab es lange Zeit erhebliche Unterschiede in der Bildung zwischen den sozialen Schichten. Im feudalen System des Mittelalters hatten Adlige Zugang zu Bildung und konnten in Klöstern oder Bildungseinrichtungen studieren, während das einfache Volk, oft missachtend als »Pöbel« bezeichnet, sowie die Bauern häufig keinen Zugang zu Bildung hatten und ihre Kinder aufgrund ihrer sozialen Stellung nicht zur Schule schicken konnten. **Diese Ungleichheiten in der Bildung haben zu einer weiteren Kluft in Bezug auf Disziplin, Kreativität und Selbstkontrolle geführt,** da gebildete Adlige oft mehr Zugang zu Wissen und Ressourcen hatten, um ihre Fähigkeiten zu entwickeln.

Im Zuge der industriellen Revolution begannen Bildungsreformen in vielen Ländern, den Zugang zur Bildung für breitere Bevölkerungsschichten zu ermöglichen. **Die Einführung allgemeiner Schulbildung für Kinder war ein wichtiger Schritt zur Verringerung der Ungleichheit in der Bildung.** Dennoch blieben in einigen Gesellschaften Ungleichheiten bestehen, da Bildung weiterhin von sozioökonomischem Status und sozialer Herkunft beeinflusst wurde.

Heute sind die Bildungssysteme in vielen Ländern bestrebt, die Ungleichheiten zu verringern und Chancengleichheit zu fördern. **Programme wie »Head Start« oder »Bildungsgutscheine« zielen darauf ab, Schülerinnen aus benachteiligten Verhältnissen den Zugang zu qualitativ hochwertiger Bildung zu erleichtern.** In einigen Ländern werden auch gezielte Unterstützungsmaßnahmen für Kinder mit besonderen Bedürfnissen angeboten, um sicherzustellen, dass niemand aufgrund seiner sozialen Verhältnisse von Bildung ausgeschlossen wird.

Dennoch bleibt die Frage nach der Ungleichheit in der Bildung eine Herausforderung, die weiterhin angegangen werden muss. Es **ist wichtig, dass die Gesellschaft insgesamt sich für gerechtere Bildungschancen einsetzt und Maßnahmen ergreift, um soziale Gerechtigkeit und Chancengleichheit bzw. Chancengerechtigkeit zu fördern.** Nur durch eine umfassende Reform, durch eine Transformation unseres Bildungssystems, das individuelle Unterstützung und Förderung einschließt, können alle Kinder die gleichen Möglichkeiten erhalten, Schlüsselkompetenzen für die Zukunft wie Kreativität und Disziplin zu entwickeln und ihr volles Potenzial zu entfalten, unabhängig von ihrer sozialen Stellung, dem eigenen Elternhaus oder ihrem Bildungsstatus. Wichtig ist jedoch, nicht alles über den Durchschnittskamm zu kämmen, Durchschnitt reicht nicht.

Reflexionsfragen:

- Was denken Sie über Bildungsgerechtigkeit, Bildungschancen und Bildungsnotstand in unserem Land?
- Was können Sie persönlich tun, damit jedes Kind die Chance bekommt, so früh wie möglich am Bildungsprozess teilzunehmen?
- Wo sehen Sie Stolpersteine?
- Was wären Gelingenskriterien?
- Was würden Sie gern sofort in Ihrer Familie, Kita, Schule, Tagespflege, Jugendzentrum oder in Ihrem Unternehmen usw. verändern wollen? Und was wäre ein erster möglicher Schritt?

»Der Unterschied zwischen dem Unmöglichen und dem Möglichen ist der Wille eines Menschen.«

Gedankenwelt.de[9]

9 https://gedankenwelt.de/motivierende-sprueche-um-sportlichen-ziele-zu-erreichen/ [letzter Aufruf: 21.05.2024].

Teil 2

Abb. 2: Eisberg (© Ursula Günster-Schöning)

Von Disziplin, Macht und positiver Aggression als Motor fürs Selbstwertgefühl

Disziplin und Macht – passt das zusammen?

Unserer Meinung nach ja! Denn **Diszipliniertheit ist absolute Macht.** Macht über uns selbst, über unseren Willen, unser Tun und Handeln, unsere Entscheidungen und damit auch unser Verhalten. Wir interpretieren »Macht haben« in diesem Kontext positiv, gewinnbringend und aktivierend. Analog der positiven Aggression. Denn wer diese besitzt, ist laut Prof. Dr. Jens Weidner klar im Vorteil.[10]

Und auch der renommierte Psychologe Fritz Riemann plädiert für die positive Aggression, positives machtvolles Handeln. Denn sie ist ein wichtiger Bestandteil unseres Selbstwertgefühls, unseres Bewusstseins für die Würde unserer Persönlichkeit sowie unseres gesunden Stolzes, wenn wir nach langer ausdauernder Tätigkeit bzw. Anstrengung, also »harter« bzw. engagierter Arbeit, etwas erreicht haben.[11] Eine Tatsache, die ebenso nicht ignoriert werden kann, ist, dass positive Entschlossenheit bzw. Aggression erhebliche Wettbewerbsvorteile mit sich bringt.

Jemand, der in unserer jetzigen Welt bestehen und etwas erreichen will, muss die Fähigkeit besitzen, sich den aktuellen und auch künftigen Herausforderungen zu stellen, die wie ein »starker Gegenwind« aufkommen und sich bisweilen sogar bis zum Sturm aufbauen können. **Um solche von außen auftauchenden Krisen oder »Stürme« zu meistern, braucht es Entschlossenheit, kraftvolle Energie und positive Aggression,** um standzuhalten und sich selbst aus eigener Kraft wieder aufzurichten, wenn der Gegenwind zu stark wird oder

---

10 https://psyche-und-arbeit.de/?p=14142#:~:text=Positive%20Aggression%20ist%20%E2%80%93%20bei%20aller,es%20etwas%20Sch%C3%B6neres%20und%20Konstruktiveres%3F [letzter Aufruf: 22.08.2023].

11 Ebd.

eine Krise uns den Boden unter den Füßen »weggerissen« hat. Denken Sie an Henry, den kleinen Vierjährigen mit dem Fahrradunfall. Auch er hatte positive Aggressivität in sich, hatte den Willen, sich durchzubeißen, seine eigene Krise zu überwinden.

»Die konstruktive Nutzung von positiver Entschlossenheit kann – im Einklang mit Rücksichtnahme und Teamarbeit – als Schlüssel zum Erfolg angesehen werden. Indem wir unsere innere Stärke aktivieren und auf sinnvolle Weise einsetzen, können wir nicht nur unser eigenes Potenzial ausschöpfen, sondern auch Positives bewirken. Gibt es etwas Erfüllenderes und Konstruktiveres, als unsere inneren Kräfte zu mobilisieren, um Gutes zu bewirken?«[12]

Reflexionsfragen:

- Was denken Sie über positive Aggression?
- Fallen Ihnen andere Beispiele ein, in denen diese innere Kraft nützlich sein kann?
- Wie würden Sie einer anderen Person positive Aggression erklären?

Wir brauchen positive Aggression für ein erfülltes Leben

Denn egal ob Sie eine Sportart, einen Tanz, eine Sprache, ein Musikinstrument oder Hobby neu erlernen, ein Buch, eine Klausur oder Master-Arbeit schreiben oder mit dem Rauchen aufhören, abnehmen oder sich Ihren Ängsten stellen wollen, ob Sie nicht mehr so viel konsumieren oder arbeiten wollen, Sie brauchen dafür immer **die innere Stärke, positive Aggression bzw. Selbstdisziplin, die Ihnen Durchhaltevermögen und Ausdauer ermöglicht sowie Kraft und damit auch Macht gibt, alte Gewohnheiten zu durchbrechen** und neue »peu à peu« aufzubauen. Das Vorhandensein der inneren Macht, Entschlossenheit, Selbstdisziplin oder eben positiven Aggression, wie auch immer wir sie bezeichnen, unterscheidet letztendlich erfolgreiche von nicht erfolgreichen Menschen, wie auch immer wir Erfolg definieren. Denn selbst derjenige, der sich für ein alternati-

12 Ebd.

ves Leben abseits jeglicher Normen, Zwänge, Verpflichtungen und Konsum, beispielsweise auf einer Tropeninsel oder im Innenland Spaniens fernab der Zivilisation, entscheidet, braucht Disziplin, um sein »Aussteigen«, seine Ziele und Träume vor Ort zu verwirklichen und sich ein alternatives Leben aufzubauen.

In der Begleitung von Kindertagesstätten und Grundschulen sowie damit verbunden auch in vielen Kontakten zu Eltern und Erziehungsberechtigen beobachten wir, dass *Aggressivität* jedoch leider immer öfter pauschalisiert und negativ bewertet, gar abgeurteilt und vor allem als schlecht und schädlich verurteilt wird. Niemand soll und darf mehr aggressiv sein. Wichtig wäre unserer Meinung nach **eine differenzierte Betrachtung der Aggression** und die Bereitschaft von pädagogischen Fachkräften und auch Eltern bzw. Erziehungsberechtigten, die positive Aggression auch als solche, also positive Kraft, zu betrachten und somit auch zu fördern und zu unterstützen.

Was denken Sie, wie ließe sich positive Aggression im Familien-, Kita- oder Schul-Alltag fördern? Notieren Sie Ihre Ideen und Gedanken.

Aggression ist nicht gleich Aggression. Kennen Sie die Unterschiede?

Um die positive Aggression im Alltag nicht mehr mit der negativen Aggression in einen »Topf« zu werfen, ist es wichtig, verschiedene Aggressionsformen kurz in den Blick zu nehmen und diese zu beleuchten. Denn generell werden mehrere Arten von Aggression unterschieden, die je nach Kontext, Ursache und Ausdrucksweise variieren können. Hier sind einige der häufigsten Arten von Aggression zusammengetragen:

- **Physische Aggression:** Diese bezieht sich auf körperliche Handlungen, die darauf abzielen, Schaden oder Schmerzen zuzufügen. Dazu gehören Schläge, Tritte, Beißen und andere Formen von körperlicher Gewalt.
- **Verbale Aggression:** Hierbei handelt es sich um die Verwendung von verbalen Angriffen, Beleidigungen, Drohungen oder

Beschimpfungen, um anderen Schaden zuzufügen oder sie zu verletzen.

- **Relationale Aggression:** Diese Form der Aggression zielt darauf ab, soziale Beziehungen zu stören oder zu schädigen. Sie kann in Form von Gerüchten, sozialem Ausschluss oder dem Zerstören von Beziehungen auftreten.
- **Passive Aggression:** Bei passiver Aggression werden Konflikte und Frustrationen indirekt ausgedrückt. Dies geschieht oft durch subtile Verhaltensweisen wie Ignorieren, Verschleppen von Aufgaben oder bewusste Unnachgiebigkeit.
- **Instrumentelle Aggression** ist eine Form von aggressivem Verhalten, das mit dem Ziel ausgeübt wird, ein konkretes, oft materielles Ziel zu erreichen, nicht aber, um Schaden um des Schadens willen zu verursachen. Diese Art von Aggression kann strategisch eingesetzt werden, um persönlichen Nutzen zu erlangen.
- **Reaktive Aggression:** Diese bezieht sich auf eine impulsive Reaktion auf eine wahrgenommene Bedrohung oder Provokation. Sie tritt oft als unmittelbare Antwort auf eine stressige oder bedrohliche Situation auf.
- **Frustrationsaggression:** Diese Art von Aggression entsteht, wenn eine Person Frustration oder Ärger empfindet und diese Emotionen dann auf andere Personen oder Objekte überträgt, die nicht unbedingt die ursprüngliche Quelle der Frustration waren.
- **Selbstaggression:** Diese bezieht sich auf Verhaltensweisen, bei denen eine Person sich selbst absichtlich körperlichen oder emotionalen Schaden zufügt. Selbstaggression kann verschiedene Formen annehmen, wie Selbstverletzung oder Selbstabwertung.
- **Sexuelle Aggression:** Diese umfasst unerwünschte sexuelle Handlungen oder Belästigung gegen den Willen einer anderen Person. Es beinhaltet Verhaltensweisen wie sexuelle Belästigung, Nötigung oder Vergewaltigung.

Kinder brauchen Übungsfelder für ihre Aggression und Wut

Es ist uns wichtig zu betonen, dass Aggression nicht gleich Aggression und somit immer negativ sein muss und in einigen Situationen sogar als Schutzmechanismus dienen kann. Für Eltern und auch pädagogische Fachkräfte ist es wichtig, die unterschiedlichen Arten der Aggression zu kennen, um sie im Umgang und Alltag mit Kindern unterscheiden zu können.

Wann ist positive Aggression wichtig und richtig, sollte gar unterstützt und gefördert werden? Wann muss beherzt eingegriffen werden, da Aggression in Gewalt umschlägt, sich also negativ ihren Weg bahnt und unterbunden werden muss? Es sollte für Kinder echte »Übungsfelder« geben, also Möglichkeiten, um mit der gefühlten und spürbaren Wut, dem Ärger oder Zorn umgehen zu lernen. Auch brauchen sie Gelegenheiten für den Wettkampf, das spielerische Kräftemessen und »Kämpfen« miteinander. Verstehen Sie uns nicht falsch, wir wollen hier nicht zum Kämpfen animieren, gleichwohl gehört es zur ganz normalen Entwicklung und auch Sozialisation von Kindern, vor allem von Jungen, dazu, dass diese im Kindergarten- und Grundschulalter gerne mal ein »Kämpfchen« machen oder sich im Wettkampf messen wollen.

Und wie soll ein Kind Disziplin, Selbstbeherrschung, Verhaltensregulation, Selbst- und Körperkontrolle verbunden mit der dazugehörigen Selbstwahrnehmung lernen, wenn es sich nicht auch mal intensiv und positiv aggressiv erleben und vor allem im Sportverein oder begleitet in Kita oder Schule ausleben kann? **Jeder Kampfsport nährt sich aus der Kombination von absoluter Selbstbeherrschung und Körperkontrolle sowie gezielt eingesetzter Aggression, Kraft und Schnelligkeit.**

Kaya Sölde (26), Erzieherin: In unserer Turnhalle gibt es schon seit einigen Jahren eine »Kampfarena«. Das ist eine dicke blaue Matte in der hinteren Ecke der Turnhalle. Sie ist wichtig für uns, vor allem jedoch für unsere Kinder, besonders für unsere Vorschuljungen und auch einige Mädchen. Denn auf der Matte finden regelmäßig »Kämpfe« statt, weil die Kinder wissen: Hier dürfen wir das. Es gibt klare Regeln und Absprachen und eine Fachkraft, die in der Turnhalle Aufsicht führt und das Treiben im Blick hat. Wer sich nicht an die Regeln hält, muss die Matte sofort verlassen, für den oder die ist der Kampf vorbei. Aber was soll ich sagen, es klappt sehr gut. Und der intensive Körperkontakt, das Raufen und Kräftemessen tut den Kindern, die das brauchen, richtig gut. Außerdem haben wir dadurch viel weniger Konflikte in den Gruppen und im Außenbereich. Ich bin dafür, dass es solche Möglichkeiten in jeder Kita und am besten auch in den Schulen geben sollte. Mit den Eltern stehen wir dabei in einem engen Austausch, denn Selbstbeherrschung und die Inhibitionsfähigkeit, also die Fähigkeit zur Selbstregulation, sind auch in der Familie wichtige Kompetenzen. Und auch die Disziplin üben wir so gleich mit. Denn jeder muss sich an die Regeln halten, wenn er auf die blaue Matte will, egal wann und mit wem.

Lernlust, Selbstwirksamkeit und positive Aggression

Lernlust, so würde wahrscheinlich Kaya Sölde die Engagiertheit der Kinder beim Kämpfen in ihrer »Kampfarena« bezeichnen, denn Lernlust ist die natürliche Neugier und Freude am Entdecken, Ausprobieren und Lernen, die Kinder von Geburt an zeigen. **Diese intrinsische Motivation ist ein Schlüsselindikator für die spätere Schulbereitschaft, da sie die Grundlage für das aktive Engagement in Lernprozessen bildet.** Kinder, die eine hohe Lernlust aufweisen, nähern sich neuen Herausforderungen mit Eifer und Interesse, was für den Schulerfolg entscheidend ist. Die Schulbereitschaft umfasst dabei nicht nur kognitive Fähigkeiten, sondern auch und vor allem soziale und emotionale Kompetenzen, die für eine erfolgreiche Teilnahme am Schulalltag und auch späteren Leben erforderlich sind.

Die Förderung von Lernlust und Selbstwirksamkeit in der frühen Kindheit und vor allem im letzten Jahr vor der Einschulung, dem sogenannten Vorschuljahr, legt somit den Grundstein für eine erfolgreiche Bildungslaufbahn und fördert die Vorfreude auf die Schule. Pädagogische Fachkräfte spielen für die »Grundsteinlegung« eine entscheidende Rolle, indem sie eine Umgebung schaffen, die die natürliche Neugier der Kinder nährt und sie in ihrem Glauben an die eigenen Fähigkeiten in vielen unterschiedlichen Bereichen bestärkt. Dies kann durch vielfältige Lernangebote, die die Interessen der Kinder berücksichtigen, individuelles Feedback, das die Fortschritte der Kinder anerkennt, und durch die Schaffung von Erfolgserlebnissen, die das Selbstvertrauen stärken, auch z. B. in einer »Kampfarena«, erreicht werden. Selbstverständlich sind auch die Eltern gleichermaßen für die »Grundsteinlegung« mitverantwortlich, da sie die wichtigsten Bezugspersonen der Kinder sind und deren positive wie auch negative Gefühle wahrnehmen, spiegeln und regulieren helfen können. Denn jedes Gefühl ist in Ordnung, nur nicht jedes Verhalten!

Gefühle wahrnehmen, ernst nehmen und regulieren lernen

Wenn negative Gefühle eines Kindes in der Familie oder Kita jedoch generell unerwünscht sind oder gar unterdrückt werden, kommt es zu interpersonalen Konflikten, die negative Auswirkungen auf die Kinder haben können. Daher ist es wichtig, **dass Kinder lernen, negative Gefühle in angemessener und gesunder Weise zu kanalisieren, um Konflikte zu minimieren und Verletzungen zu vermeiden.** Denn im Zusammensein mit anderen besteht ein großer Unterschied darin, ob jemand wütend ist und dadurch bedingt ggf. laut schreit und böse guckt, oder ob jemand handgreiflich wird und sein Gegenüber schubst und schlägt. Auch ob jemand die Hemdsärmel hochkrempelt und sich mit »Feuereifer« auf seine Aufgabe »stürzt« und aggressiv und kraftvoll hinlangt oder scheinbar teilnahmslos die Aufgabe mehr schlecht als recht erledigt, ist ein Unterschied.

Gesellschaftlich bedingt wird solch beherztes Herangehen an eine Aufgabe oft sehr positiv bewertet, analog der Wortbedeutung von *Aggression,* was vom lateinischen Wort *aggredi* abgeleitet wird und so viel wie *herangehen, anpacken* oder *in Angriff nehmen* bedeutet. In diesem Kontext wird die Aggression auch mit dem Konzept der positiven Aggression in Verbindung gebracht. Das Fehlen dieser positiven Aggression oder Energie bewerten ebenso viele Menschen in unserer Gesellschaft übrigens sehr oft negativ, als Form von mangelnder Engagiertheit, mangelndem Elan oder Leidenschaft für die Aufgabe. Daher ist es wichtig, positive von negativer Aggression zu trennen und generell mit Kindern über ihre Gefühle zu sprechen und ihnen zu helfen, Strategien und Methoden zu entwickeln, wie sie mit ihrer inneren Kraft oder Anspannung und vor allem ihren Gefühlen angemessen umgehen lernen.

Einen kurzen ergänzenden Filmbeitrag zum Thema »Kindliche Aggressionen« finden Sie auf dem Bildungskanal von Ursula Günster-Schöning unter http://youtube.com/@UrsulaGuensterSchoening.

Empfehlen können wir für Kindertagestätten, Grundschulen und auch zu Hause in den Familien folgende Spiele und Aktivitäten, die Kindern helfen können, ihre Aggressionen auf positive und konstruktive Weise abzubauen. Hier sind einige Ideen:

- **Sportliche Aktivitäten:** Körperliche Bewegung ist eine großartige Möglichkeit, überschüssige Energie abzubauen und Spannungen zu lösen. Sportarten wie Fußball, Basketball, Laufen oder Tanzen können dabei helfen, Aggressionen auf gesunde Weise zu kanalisieren.
- **Kreatives Tun:** Künstlerische Aktivitäten wie Malen, Zeichnen, Basteln oder Modellieren ermöglichen es Kindern, ihre Emotionen auszudrücken und gleichzeitig ihre Kreativität zu fördern.
- **Kissen-Kampf:** Ein kontrollierter Kissen-Kampf kann eine spaßige Möglichkeit sein, angestaute Energie freizusetzen, ohne dabei andere zu verletzen.
- **Atem- und Entspannungsübungen:** Atemtechniken und Entspannungsübungen wie Yoga können helfen, Spannungen abzubauen und sich zu beruhigen.
- **Schreien in die Natur:** Eine Möglichkeit, aufgestaute Emotionen loszulassen, besteht darin, an einen ruhigen Ort in der Natur zu gehen und dort so laut zu schreien, wie es das Kind möchte.
- **Wut-Luftballon:** Einen Luftballon aufblasen, mit all dem Zorn und der Wut, die »in dem Kind ist«, und so die Wut in den Luftballon übertragen. Danach kann er zum Platzen gebracht werden. Und peng – die Wut verpufft. (Kann auch mehrmals wiederholt werden.)
- **Wut- oder Zettel-Box:** Auf kleine Zettel werden Schimpfwörter oder Wutwörter oder all das geschrieben, was im Kind »feststeckt«, und danach in die Wutbox gelegt. Wenn das Kind noch nicht schreiben kann, kann es alle Wörter und den ganzen Zorn auch direkt in die Box hineinsprechen oder -schreien.
- **Wutknete:** Eine Schachtel mit Knete bereitstellen. Wenn die Wut zu groß wird, kann das Kind die Knete herausnehmen und sie zwischen den Fingern zerquetschen, die Knete auf dem Tisch aufschlagen oder in kleine Stücke zerreißen oder zerschneiden.

- **Konstruktives Bauen:** Das Bauen von Türmen, Burgen oder anderen Konstruktionen aus Steckbausteinen kann dazu beitragen, Frustrationen abzubauen, indem Kinder ihre Energie auf das Schaffen richten.
- **Emotionale Puppen oder Stofftiere:** Kinder können ihre Emotionen auf Puppen oder Stofftiere projizieren und mit ihnen interagieren, um ihre Gefühle auszudrücken, wie z. B. »Sorgenfresserchen«, »Wutmonster« oder »wilder Löwe«.
- **Geführte Geschichten oder Meditationen:** Kinder können an geführten Geschichten oder Meditationen teilnehmen, die darauf abzielen, Entspannung und Selbstregulation zu fördern.
- **Tanz oder Bewegungsspiele:** Musik und Tanz sind eine gute Möglichkeit, Gefühle und positive wie negative Energie auszudrücken, den eigenen Körper zu spüren und gleichzeitig auch Spaß zu haben.
- **Gartenarbeit:** Das Arbeiten im Garten kann Kindern helfen, sich zu beruhigen und gleichzeitig Verantwortung zu übernehmen.

Es ist wichtig, dass viele dieser Aktivitäten unter Anleitung und in einem unterstützenden Umfeld durchgeführt werden. Eltern, Erzieherinnen, Lehrer und Betreuerinnen können eine wichtige Rolle dabei spielen, Kindern beizubringen, wie sie ihre Emotionen auf gesunde Weise bewältigen können.

Bewährt haben sich auch folgende Materialien:
- Gefühlsposter
- Stressbälle zum Kneten
- Gefühls-Bildkarten
- Spiele zum Thema Wut und Gefühle
- Bilderbücher

Für **Jugendliche und (junge) Erwachsene** gibt es ebenfalls eine Reihe von Strategien und Aktivitäten, um Aggressionen und Stress auf gesunde Weise abzubauen. Diese Methoden können helfen, die Ursachen von Aggressionen besser zu verstehen und zu bewältigen, ohne sich selbst oder andere zu schädigen, wie z. B.:

- **Sport und körperliche Aktivitäten:** Gartenarbeit oder sportliche Aktivitäten wie Mannschaftssportarten, Kampfsport oder Leichtathletik können helfen, überschüssige Energie abzubauen und Aggressionen in kontrollierte Bahnen zu lenken. Auch regelmäßige Bewegung und Aktivitäten wie Laufen, Schwimmen oder Radfahren können Stress abbauen und die Stimmung verbessern.
- **Kreative und künstlerische Aktivitäten** wie Malen, Zeichnen oder Bildhauerei sind kreative Ausdrucksformen, die helfen können, Gefühle zu verarbeiten und zu kommunizieren. Und auch Musik ist hilfreich. Das Spielen eines Instruments, Singen oder Komponieren ermöglicht es, Emotionen in Kunst umzuwandeln.
- **Entspannungstechniken und Achtsamkeit, Meditation und Yoga:** Diese Praktiken fördern die Entspannung und das Bewusstsein für den eigenen Körper und Geist. Atemübungen und gezielte Atemtechniken können in Momenten von Wut und Frustration helfen, sich zu beruhigen.
- **Gespräche und soziale Unterstützung mit Freunden oder Familie:** Der Austausch mit Menschen, denen man vertraut, kann Erleichterung bringen und neue Perspektiven eröffnen, ebenso externe Beratung oder Therapie: Ein professioneller Coach oder Therapeut kann individuell angepasste Strategien anbieten, um zu lernen, mit Aggressionen umgehen zu können.
- **Freizeitbeschäftigungen,** die Freude bereiten, können dazu beitragen, Stress abzubauen und ein positives Selbstgefühl zu fördern. Dazu zählen auch Naturerlebnisse oder Zeit im Freien. Dies kann entspannend wirken und hilft, sich geerdet und verbunden zu fühlen.
- **Zeitmanagement, Selbstpflege und ausreichend Schlaf:** Guter Schlaf ist essenziell für die emotionale Regulierung, ebenso wie gesunde Ernährung. Eine ausgewogene Ernährung unterstützt das körperliche und psychische Wohlbefinden.
- **Lernen, Impulse zu kontrollieren/Impulskontrolltechniken:** Das Erlernen von Techniken zur Impulskontrolle kann helfen, in hitzigen Momenten einen kühlen Kopf zu bewahren.

Es ist wichtig, dass Jugendliche und junge Erwachsene ermutigt werden, verschiedene Strategien auszuprobieren, um herauszufinden, was für sie persönlich am besten funktioniert. Manchmal kann es auch hilfreich sein, professionelle Hilfe in Anspruch zu nehmen, um effektive Methoden zur Bewältigung von Aggressionen zu erlernen.

Welche Materialien, Methoden oder Ideen kennen Sie, um mit Kindern und Jugendlichen über Gefühle zu sprechen oder diese zu bearbeiten? Notieren Sie Ihre Ideen.

Die positive Aggression fördern, denn auf den Anfang kommt es an

Kinder kommen mit einer unglaublichen Neugier und einem natürlichen Drang zum Lernen auf die Welt. **Die Lernlust ist ein mächtiger Antrieb, der sie dazu bringt, ihre Umgebung unermüdlich zu erforschen.** Diese Entdeckungsreise findet jedoch nicht allein statt; sie brauchen vertraute und zuverlässige Bezugspersonen, die sie auf diesem Weg begleiten, ihre Erfahrungen empathisch auffangen und ihnen widerspiegeln. Von Geburt an interagieren Kinder daher aktiv mit ihrer Umgebung, wodurch sie ein tiefes Bedürfnis nach Selbstbestimmung, Autonomie und sozialer Zugehörigkeit ausdrücken. In einem Umfeld, in dem sie sich sicher und verstanden fühlen, blüht ihre Bereitschaft zu weiterer Erkundung und Lernbereitschaft auf. Die Eltern der Kinder und vor allem auch die pädagogischen Fachkräfte spielen dabei eine entscheidende Rolle, indem sie die Anzeichen von Lernlust bei Kindern – wie Anstrengungsbereitschaft und den Wunsch, die Welt zu verstehen und mitzugestalten – erkennen, wertschätzen, wachhalten und fördern.

Mit Blick auf die Zukunft unserer Kinder ist es daher wichtig, dass neben Eltern und Erziehungsberechtigten auch pädagogische Fach- und Lehrkräfte sich dafür einsetzen und engagieren, **dass es nicht zum Verlust der natürlichen positiven Aggression bei Kindern kommt, denn diese ist der Motor für Anstrengungsbereitschaft und Tatendrang,** somit der Motor bzw. das Kraftwerk in ihnen, das Mut macht und hilft, sich gegen Widerstände durchzusetzen, sich selbst zu regulieren, diszipliniert an eine Sache heranzugehen und sich den vielen noch kommenden Herausforderungen zu stellen.

Es ist wichtig, dass Kinder im Alltag die Möglichkeit haben, positive Aggression auszudrücken und zu entfalten, weil ihnen dies hilft, gesunde soziale, emotionale und kognitive Fähigkeiten zu entwickeln. Die folgende Auflistung soll unsere Haltung begründen, warum es wichtig ist, dass Kinder positive Aggression ausleben dürfen, um zu selbstbewussten, empathischen Jugendlichen und mitfühlenden erfolgreichen Erwachsenen zu werden:

- **Selbstbehauptung und Selbstvertrauen:** Durch positive Aggression lernen Kinder, für ihre eigenen Bedürfnisse und Meinungen einzustehen. Wenn sie gelernt haben, ihre Gedanken und Gefühle angemessen auszudrücken, können sie Selbstvertrauen aufbauen und ihre Identität stärken.
- **Emotionale Regulation:** Die Fähigkeit, Emotionen wie Wut, Ärger, Zorn oder Frustration auf gesunde Weise auszudrücken, hilft Kindern, ihre Emotionen zu verstehen und zu kontrollieren. Positive Aggression kann dazu beitragen, dass sie ihre Gefühle nicht unterdrücken, sondern sie konstruktiv kanalisieren.
- **Konfliktlösung:** Indem Kinder lernen, ihre Meinungen und Wünsche auf respektvolle Weise auszudrücken, entwickeln sie Fähigkeiten zur Konfliktlösung. Sie können lernen, wie man Kompromisse findet und auf konstruktive Weise mit unterschiedlichen Meinungen umgeht.
- **Entwicklung sozialer Fähigkeiten:** Positive Aggression kann den Kindern helfen, soziale Fähigkeiten auszubilden, wie zum Beispiel das Einfühlungsvermögen und die Fähigkeit zur Perspektivübernahme und Zusammenarbeit. Sie lernen, wie sie ihre Energie und Entschlossenheit auf eine Weise einsetzen können, die anderen nicht schadet.
- **Kreativität und Selbstausdruck:** Positive Aggression ermutigt Kinder, kreativ zu sein und ihren eigenen Weg zu finden, um sich auszudrücken. Dies kann in künstlerischen Aktivitäten, Sport oder anderen Interessen möglich sein.
- **Vorbereitung auf Herausforderungen:** Im späteren Leben werden Kinder oft mit Herausforderungen und Wettbewerb konfrontiert sein. Die Fähigkeit zur positiven Aggression kann ihnen helfen, Herausforderungen mutig anzugehen und sich in Konkurrenzsituationen zu behaupten.

- **Prävention:** Wenn Kinder nicht lernen, wie man auf gesunde Weise für sich selbst sorgt und eintritt, könnten sie anfälliger für Unterdrückung, Übergriffe, Drogenmissbrauch oder Ausnutzung sein. Positive Aggression kann sie stärken, um sich gegen ungerechte Behandlung oder auch Gefahren zu wehren.

Betonen möchten wir auch, dass es für Kinder wichtig ist zu lernen, wie sie mit ihrer positiven Aggression angemessen umgehen und diese kanalisieren, um nicht zu Egoisten zu mutieren, die nur noch um sich selbst »kreisen« und die eigenen Vorteile sehen. Die im Zusammensein mit anderen dann wie selbstverständlich die Ellenbogen ausfahren, um das zu bekommen, was sie wollen. Mit Blick auf diese Negativentwicklungen sollte die positive Aggression von Anfang an durch ein Umfeld gefördert werden, das respektvolles Verhalten und soziale Verantwortung unterstützt. Kinder sollten lernen, wie sie ihre Aggression auf eine Weise ausdrücken können, die keine physische oder psychische Gewalt beinhaltet und die Rechte und Gefühle anderer respektiert. Dafür brauchen Kinder Erwachsene, die diese Verantwortung annehmen und durch ihre Autorität auch vorleben.

Die Materialien von https://www.superheldenkids.de/gefuehlehelden/ können wir in diesem Kontext besonders für Kita- und Grundschulkinder sehr empfehlen.

Zusammenfassend sind Disziplin bzw. Selbstregulation (ich habe mich im Griff) und persönliche innere Macht (ich kann positiv aggressiv sein) in vielerlei Hinsicht miteinander verbunden, da sie in verschiedenen sozialen, persönlichen und organisatorischen Kontexten eine Rolle spielen. Dies möchten wir am Ende dieses Kapitels gern näher beleuchten:

- **Selbstbeherrschung und persönliche Macht:** Disziplin bezieht sich auf die Fähigkeit, sich selbst zu kontrollieren, Ziele zu verfolgen und Versuchungen zu widerstehen. Indem jemand diszipliniert handelt, kann er sich selbst Macht über sein Verhalten und seine Entscheidungen geben. Diese Selbstbeherrschung ermöglicht es einer Person, ihre Ziele zu erreichen und ihre persönliche Macht zu stärken.

- **Autorität und Hierarchie:** In Organisationen oder sozialen Strukturen können Macht und Verantwortung auf Hierarchien und Autoritätssystemen beruhen. Personen mit hoher Disziplin können befähigt sein, in solchen Strukturen eine höhere Position einzunehmen, da sie in der Lage sind, die eigenen Bedürfnisse zum Wohl des großen Ganzen zurückzustellen, effektiv und ohne Ablenkung zu arbeiten, bewusst Verantwortung zu übernehmen und klare Entscheidungen zu treffen.
- **Soziale Kontrolle und Normen:** Disziplin kann auch als Mittel der sozialen Kontrolle dienen. Gesellschaftliche Normen und Erwartungen beeinflussen, wie Menschen sich verhalten sollen. Diejenigen, die sich an diese Normen diszipliniert halten, könnten in der Lage sein, soziale Macht und Anerkennung zu erlangen. Indem sie die Regeln und Erwartungen der Gesellschaft einhalten, können sie in der Gemeinschaft an Einfluss gewinnen.
- **Führung und Einfluss:** Disziplin ist oft ein Merkmal erfolgreicher Führungskräfte und Personen, die Einfluss auf andere ausüben. Durch ihre Fähigkeit, fokussiert zu arbeiten, Verantwortung zu übernehmen und Ziele zu erreichen, können disziplinierte Individuen andere inspirieren und motivieren. Dies verleiht ihnen positive Wirkmacht, da sie in der Lage sind, andere in Richtung gemeinsamer Ziele zu führen und zu motivieren.
- **Verhandlungen und Kompromisse:** Disziplinierte Personen können in Verhandlungen oder Konfliktsituationen eine stärkere Position einnehmen. Sie können ihre Bedürfnisse und Ziele klarer kommunizieren und eher in der Lage sein, Kompromisse zu finden.
- **Wissen und Kompetenz:** Disziplin ist oft eng mit Bildung, Training, Übung und auch (Fach-)Wissen verbunden. Personen, die diszipliniert in ihre eigene Bildung und Weiterbildung investieren bzw. diese vorantreiben, können ein höheres Maß an Wissen und Kompetenz erlangen. Dieses Wissen kann ihnen in vielen Bereichen Vorteile bringen, sei es in akademischen, beruflichen oder persönlichen Kontexten.

Die Verbindung zwischen Disziplin und Macht ist jedoch nicht immer eindeutig und von verschiedenen Faktoren abhängig, wie von der spezifischen Situation, dem kulturellen Kontext und den individuellen Werten und Zielen. **Disziplin kann sowohl positive als auch negative Auswirkungen haben, abhängig davon, wie sie eingesetzt wird und welches Ziel sie verfolgt,** analog der Macht, die ebenfalls positiv, helfend, unterstützend und zum Wohle vieler oder aber negativ, ausbeuterisch und narzisstisch eingesetzt werden kann.

Reflexionsfragen:

- Was geht Ihnen nach diesem Textbaustein durch den Kopf?
- Wie denken Sie über positive Aggression in Form innerer Macht?
- Welche Macht haben Sie als Erwachsener Kindern und Jugendlichen oder als Führungskraft Ihren Mitarbeiter:innen oder als Ausbildender Ihren Azubis gegenüber und wann und wo sind Sie bereit, etwas von Ihrer Macht abzugeben?
- Hat Sie eine Passage in diesem Textbaustein irritiert, oder können Sie mitgehen und stimmen unseren Thesen zu?
- Was nehmen Sie aus den vorangegangenen Seiten mit in Ihren privaten und/oder beruflichen Alltag?

Die Disziplin kommt in unserem Alltag facettenreich daher und braucht Erfüllungsgehilfen. Außerdem hat sie vielfältigen Einfluss. Im nachfolgenden Kapitel haben wir sie daher in den Kontext zu anderen Begrifflichkeiten gesetzt.

Disziplin versus Narzissmus

Du bist wichtig, einzigartig und beeindruckend! Deine Leistungen verdienen Anerkennung – hervorragend, brillant, unvergleichlich, einfach großartig. Zweifellos, du bist ein Individuum mit einzigartigen Eigenschaften und Fähigkeiten.

Doch es ist wichtig zu erkennen, dass wir in einer Gemeinschaft leben, in der auch andere ihre einzigartigen Beiträge leisten. In der heutigen »Ich-zuerst«-Gesellschaft scheint es, als sei jeder die wichtigste Person, unabhängig von seinen Handlungen, seinem Verhalten oder seinen Leistungen. **Der Trend geht dahin, ständige Anerkennung und Bestätigung zu suchen, sich regelmäßig selbst zu**

belohnen und die eigenen Bedürfnisse sofort zu erfüllen. »Gönn dir!« – ein Mantra, das dazu ermutigt, jeden Moment in vollen Zügen zu genießen und das Glück in materiellen Dingen oder sofortiger Lustbefriedigung zu suchen.

Doch in diesem Streben nach sofortiger Zufriedenheit und Anerkennung dürfen wir nicht vergessen, dass echtes Glück und Erfüllung oft aus Geduld, harter Arbeit und der Fähigkeit entstehen, unsere Wünsche zuweilen zurückzustellen. »Carpe diem« bedeutet nicht nur, den Tag zu genießen, sondern auch, Weitsicht und Verantwortungsbewusstsein zu üben, um ein ausgeglichenes und bedeutungsvolles Leben zu führen.

Alle Eltern wollen es zunächst einmal gut machen – vielen gelingt es, vielen aber auch nicht!

Alle Eltern wollen ihre Kinder bestmöglich auf das künftige Leben vorbereiten. Und dennoch erleben Fach- und Lehrkräfte im Kita- und auch Schulalltag, dass viele Kinder Probleme mit dem sozialen Miteinander haben, dass sie immer häufiger auffällig in ihrem Verhalten werden und gern im Vordergrund stehen. **Sie wollen Aufmerksamkeit, haschen nach Lob und tun sich schwer damit, abzuwarten und sich zurückzunehmen.** Auch das Aushalten, Abwarten oder Zurückstellen der eigenen Bedürfnisse, also das Aussetzen der Ad-hoc-Befriedigung, fällt vielen Kindern und auch Jugendlichen sehr schwer.

Mi Hoy (52), Inhaber eines Schnellimbisses: In unserer Kultur lernen wir von Anfang an, schon als Kleinkind: Du bist ein Teil der Gruppe bzw. Familie. Also einer von vielen. Und werden so mit der ständigen Frage groß: Was tust du für die Familie, Gruppe, Klasse, das Land? Hier in Deutschland dreht sich alles um das einzelne Kind. Jede Mutter, Tante, jeder Onkel, Vater schaut auf das eine Kind. Und alle fragen: Was können wir für das Kind tun? Das ist nicht gut. Ungesund fürs Kind. Es ist doch eines von vielen. Erst recht, wenn es in die Schule kommt. Wie sollen Kinder in Deutschland lernen, dass es normal ist, nicht immer an erster Stelle zu stehen, dass man sich für andere engagiert, gar zuerst etwas für andere tut als für sich selbst, wenn sich immer alles um sie selbst dreht?

Von Lustlosigkeit bis Verweigerung

Immer häufiger zeigen Kinder »auffälliges« soziales Verhalten bei gemeinschaftlichen Aktivitäten oder Aufgaben. Ob in Kindertagesstätten während des Stuhl- oder Singkreises oder bei Projektarbeiten in der Schule – Sätze wie »Ich will das nicht«, »Ich habe keine Lust« oder »Das mache ich nicht« kommen oft vor.

Auch Ausbilder:innen in verschiedenen Berufsfeldern bemerken seit Jahren eine zunehmende Herausforderung in der Zusammenarbeit und Anleitung junger Menschen. **Viele junge Leute tun sich schwer damit, sich in bestehende Strukturen einzufügen, halten sich nicht an Regeln, fühlen sich schnell überfordert, zeigen eine geringe Belastbarkeit und neigen dazu, ihre Fähigkeiten zu überschätzen.**

Ein seit Langem beobachtetes Phänomen ist die oft **unrealistische Selbsteinschätzung der eigenen Leistung** durch viele Grundschulkinder und besonders Jugendliche. Junge Talente, egal ob in Unternehmen, im Handwerk, im Gesundheitswesen oder anderswo, benötigen zudem viel Lob und positive Rückmeldung – manchmal fordern sie diese sogar ein. Gleichzeitig reagieren sie schnell enttäuscht oder gekränkt, wenn sie das gewünschte Feedback nicht erhalten, was zu einem Gefühl der Unterbewertung und Nichtbeachtung führt.

Reflexionsfragen:

- Wie ist Ihre Wahrnehmung im Alltag, teilen Sie die gerade beschriebenen Sichtweisen?
- Sehen Sie ähnliche Zusammenhänge oder ganz andere?
- Was erleben Sie zurzeit an Veränderungen bei Kindern, Jugendlichen oder Auszubildenden in Ihrer Einrichtung, Ihrem Unternehmen oder Betrieb?
- Was sehen Sie an negativen, was an positiven Veränderungen mit Blick auf Kinder, Jugendliche und junge Erwachsene?

Ines Radtke (54), Verbundleitung von vier Kindertagesstätten: Ich weiß bald nicht mehr, wie es in den Kitas noch funktionieren kann. Hoher Krankenstand, ständige Fluktuation und trotz guter Rahmenbedingungen mit Blick auf Lohn und freiwillig gewährte »Goodies« eine latente Missstimmung, geprägt von Mangelwahrnehmungen und schlechter Laune. Viele unserer jungen Erzieherinnen sind wenig belastbar, lassen sich wegen jeder Kleinigkeit krankschreiben und fehlen dann gleich die ganze Woche. Dass sie damit auch die anderen verbleibenden Kollegen in die Bredouille bringen, sehen sie nicht, oder wollen es nicht sehen. Sicher, es ist zurzeit sehr herausfordernd in unseren Kitas, bedingt durch den Fachkräftemangel. Aber wir unterstützen und tun, was wir können. Und dennoch schaut oft jeder nur auf sich. Hauptsache, sie bekommen, was sie wollen, und wenn man ihnen den freien Tag oder das lange Wochenende nicht genehmigen kann oder will, melden sie sich krank. »Arschloch-krank« nannte das eine Mitarbeiterin, von der wir uns dann auch getrennt haben. Bei Kritik reagieren viele der jungen Nachwuchskräfte eingeschnappt, und spricht man sie auf ihre mangelnde Kooperationsfähigkeit oder Engagiertheit an, sind sie beleidigt. Sie überschätzen sich bei Aufgaben und haben eine völlig unzureichende Wahrnehmung von dem, was sie können. Jede:r meint, sie/er sei klasse und man müsste als Leitung dankbar und begeistert sein, dass sie kommen. Ist man das nicht, drohen sie mit Kündigung. Dass es in unserer Arbeit um das Wohlergehen der Kinder geht und wir einen Bildungs- und Erziehungsauftrag haben, verlieren sie oft aus den Augen. Zuerst kommen oft die eigenen Bedürfnisse. Ich weiß nicht, wie wir da noch gegensteuern können. Zum Glück sind nicht alle so!

Von fehlender Anstrengungsbereitschaft und Selbstüberschätzung

Helene Drexler ist promovierte Psychologin und seit 1989 als Psychotherapeutin tätig. In ihrem neuen Buch »Der große Erziehungsirrtum« findet sie klare Worte: Disziplinlosigkeit, mangelnde Anstrengungsbereitschaft und Selbstüberschätzung dominieren. Und das ist alles »hausgemacht«, so Drexler. Denn Eltern fordern ihrer Meinung nach schon seit Jahren zu wenig Leistung und Anstrengungsbereitschaft bei ihren Kindern ein und geben zudem kein ehrliches Feedback zur erbrachten Leistung und Anstrengung der Kinder und Jugendlichen (Drexler 2023).

Die Auswirkungen dieser Praktiken sind bereits heute äußerst verheerend und lassen sich deutlich erkennen. Die These, dass **ein Mangel an konstruktivem und ehrlichem Feedback sowie das Ver-**

säumnis, Leistung und Anstrengung einzufordern, Kinder in eine problematische Richtung lenkt, wird immer offensichtlicher. Das führt dazu, dass Kinder zu kleinen und später zu großen Narzissten heranwachsen, obwohl dies nicht im Sinne der Eltern liegt. Indem Eltern jedoch jeden kleinen Erfolg ihrer Kinder »feiern« und ihnen mitteilen, wie »fantastisch, großartig und einzigartig« sie sind, stellen sie sie auf ein Siegerpodest, ohne dass die Kinder dafür tatsächlich Leistung erbracht haben müssen. Dieser Ansatz, so Helene Drexler, führt zu zahlreichen Problemen, nicht nur für die Eltern, sondern vor allem auch für die Kinder. In ihrem Buch hebt Helene Drexler hervor, dass sie in ihrer Praxis eine deutliche Zunahme narzisstischer Phänomene feststellt, und sie betont, dass insbesondere folgende Entwicklungen dafür besonders relevant sind:

Permanent positives und undifferenziertes Lob

Kinder, die ständig mit unreflektiertem Lob und Feedback überhäuft werden, kennen das Konzept des Scheiterns oft nicht. Dies kann jedoch zu einer ernsthaften Bedrohung für ihre persönliche Identität werden, wenn sie mit Kritik konfrontiert werden. Gewöhnt daran, dass alles, was sie tun, bejubelt und als gut bewertet wird, kann ehrliches Feedback verheerend sein. Helene Drexler warnt davor, dass dies dazu führt, dass Kinder, Jugendliche und später Erwachsene ihre Egos aufblähen wie Luftballons und dann permanent Angst davor haben, dass jemand mit einer »Stecknadel« auf sie einsticht. Diese »Stecknadel« repräsentiert Kritik, negatives Feedback oder eine ehrliche Rückmeldung über möglicherweise unzureichende Leistungen. Die Vorstellung, nicht zu genügen, würde den »Luftballon« zum Platzen bringen, und diese Menschen sind darauf bedacht, sich davor zu schützen.

Das Beste fürs Kind

Eltern wollen das Beste für ihr Kind und tun oft alles dafür. Und genau darin sieht Helene Drexler ein weiteres Problem. **Um die Kinder vor der Erfahrung des Scheiterns beziehungsweise davor, »nicht der Beste« zu sein, zu schützen, wird jede Anstrengung, auch wenn sie noch so klein oder schwach ist, beklatscht und gefeiert.** Und im gleichen Moment wird jede Leistungsbewertung angefeindet und in

Frage gestellt. Und so werden beispielsweise oft nur noch Spiele gespielt, bei denen die gesamte Gruppe gewinnen kann und nicht mehr ein Einzelner. Denn dann muss keiner »traurig sein«, da er verloren hat. Deswegen soll es auch keine Gewinner geben. **Alle Kinder sollen gleich sein, sollen Spaß haben, sich wohlfühlen.** Und so gibt es auch immer mehr als nur einen Gewinner. Denn jeder Verlierer wird automatisch zum zweiten, dritten, vierten Sieger gekürt und erhält ebenfalls einen Preis oder Gewinn. Dass Eltern durch solche Aktionen nicht nur die Entwicklung von Frustrationstoleranz aushebeln und sabotieren, sondern auch gleichzeitig die Anstrengungsbereitschaft der anderen Kinder torpedieren, gar ausbremsen, scheinen diese Eltern nicht zu sehen, oder sie blenden es bewusst aus. Leider werten sie dadurch auch gleichzeitig alle anderen Kinder mit ab, die gerne Leistung erbringen würden, um die eigene Selbstwirksamkeit zu erfahren und somit auch Lust zu entwickeln sich anzustrengen. Und die dann auch damit leben können, wenn andere schneller, besser oder klüger sind. Denn so ist das Leben. Niemand kann immer der oder die Beste sein. Aber das spielt für diese Eltern scheinbar keine Rolle. Hauptsache, das eigene Kind erlebt nicht, dass andere besser sind. Schade nur, dass diese Eltern damit auch die Selbstwirksamkeitserfahrungen ihrer Kinder Stück für Stück zerstören.

Selbstwirksamkeit als Motor für Erfolg

Die Selbstwirksamkeit, also das Vertrauen in die eigenen Fähigkeiten, Herausforderungen meistern zu können, hat einen erheblichen Einfluss auf den Erwerb von Basiskompetenzen, die Kinder brauchen, um in der Schule und vor allem im späteren Leben erfolgreich zu sein. Kinder, die an ihre Fähigkeiten glauben und eine positive Selbstwahrnehmung, also ein positives Selbstkonzept, entwickelt haben, sind eher bereit, sich auf Lernprozesse einzulassen und sich neuen Aufgaben zu stellen, als Kinder, denen diese Erfahrungen fehlen. Die innere Überzeugung, »selbstwirksam zu sein«, unterstützt sie dabei, notwendige Kompetenzen wie z. B. soziale Fähigkeiten zu entwickeln. Selbstwirksamkeit fördert zudem die Resilienz gegenüber Misserfolgen und motiviert Kinder, an schwierigen Aufgaben dranzubleiben und Lösungsstrategien zu entwickeln. Daher sind Selbstwirksamkeitserfahrungen während der gesamten Kindheit, jedoch gerade im Übergang vom Kindergarten- zum Schulkind und auch noch in der Schuleingangsphase sehr wichtig und bedeutsam.

Tobias Ratsche (43), Prokurist und leidenschaftlicher Schachspieler: In meiner Freizeit leite ich den Schachclub an der Schule meiner Kinder. Es ist immer schön zu sehen, wie viele sich für Schach begeistern können, obwohl die Begeisterung bei einigen auch schnell wieder nachlässt. Denn ich lasse niemanden gewinnen. Das siebt gleich zu Anfang schnell die aus, die keinen Biss, kein Durchhaltevermögen haben. Und umso mehr macht die Arbeit mit den anderen Spaß und Freude. Viele der Kinder, die dann dranbleiben, kommen übrigens genau deswegen immer wieder, wegen des Verlierens. Das klingt jetzt vielleicht komisch, ist aber so. Frustrationstoleranz und Durchhaltevermögen sowie tägliches Üben, darauf kommt es an, um gut zu werden. Außerdem besprechen wir die Spiele und manchmal spielen wir auch zu dritt oder viert eine Partie, helfen und unterstützen uns, geben einander Tipps. Aber gewinnen lassen, das gibt es nicht. Und wenn dann ein Spiel gewonnen wird, ist das ein Fest. Und die Freude und der Stolz sind immens. Ich denke, das spornt an und ist eine gute Lektion fürs Leben. Denn da schenkt dir auch keiner was. Und darüber hinaus ist der Stolz auch umso größer, wenn man sich den Sieg selbst erarbeitet hat. Ich spiele daher auch lieber gegen stärkere Gegner, denn das ist der Kitzel, der Lust auf mehr macht, der antreibt und herausfordert.

Eine Gesellschaft, die aufhört, Unterschiede in Erfolg und Leistung zu würdigen, führt sich auf lange Sicht selbst ins Abseits.

Kein echtes Feedback

Ein weiteres Problem sieht Helene Drexler darin, dass viele junge Menschen aufgrund der Tatsache, dass sie in ihrer Kindheit nie echtes Feedback bekommen haben, auch als Jugendliche und später als Erwachsene überhaupt nicht wissen, was sie wirklich gut können. **So wissen sie nicht um ihre echten Stärken oder gar um ein Talent.** Kein Wunder, dass viele Jugendliche sich nur sehr schwer oder schlecht für einen Beruf entscheiden können. Dies mag zum Teil auch daran liegen, dass zurzeit zu viel möglich ist und unzählige Angebote in Form von Studiengängen, Ausbildungsformaten und

Berufsmöglichkeiten vorhanden sind und es aus diesen vielen Möglichkeiten das Richtige auszuwählen gilt. Also eine Entscheidung zu treffen. Doch zu viel Auswahl macht unglücklich oder hemmt, denn man will sich nicht für das Falsche entscheiden.

Titus Göpiker (62), Hausmeister: Also wirklich, die Kinder von heute tun mir echt leid. Stand da vor Kurzem der 11-jährige Pedro vor mir. Er heißt eigentlich Paul, aber ich finde, der sieht wie ein Pedro aus. Aber gut. Also, steht da der Paul vor mir und fragt mich, den Hausmeister der Grundschule, auf welches Gymnasium er denn nun wechseln soll. Oder ob ich die Gesamtschule bevorzugen würde. Ich habe ihn angeschaut und gesagt, dass er das mal lieber seine Eltern fragen soll. Da meinte er, das hätte er, aber die wollen das nicht entscheiden, das sollte er selbst machen. Dann könnte er sich auch hinterher nicht beschweren, wenn es ihm da nicht so gut gefällt oder es nicht klappt. Echt jetzt? Mir fiel zuerst die Kinnlade herunter. Dann habe ich ihn gefragt, wo er denn am liebsten hingehen würde. Er meinte dann, zum Edith-Stein-Gymnasium, weil Murrath, ein Junge aus seiner Fußballmannschaft, da auch hingeht und gesagt hat, die Schule ist klasse, weil man in den Pausen immer Fußball spielen kann. Da habe ich Paul angelächelt und gesagt: »Hey Paul, gute Entscheidung.« Und er hat zurückgelächelt und hat gesagt: »Wusste ich doch, dass Sie das wissen.« Was denken sich eigentlich die Eltern von Paul? Solch eine Entscheidung kann doch das Kind nicht treffen. Kinder sind doch keine kleinen Erwachsenen.

Die eigenen Schwächen kennen

Viele junge Menschen wissen nicht um ihre Schwächen, denn ihnen fehlt es an echtem Feedback. Wer jedoch weder die eigenen Stärken richtig einschätzen kann noch um seine Schwächen weiß, überschätzt sich permanent. Und anstatt an den Schwächen zu arbeiten, um sich verbessern zu können, verharren sie in Selbstüberschätzung. **Denn wenn immer alle »gleich gut« sind und jede Leistung »toll« ist, weil echtes Feedback fehlt oder gefehlt hat, kann niemand mehr einschätzen, wer wirklich was gut kann.** Erwachende Potenziale oder gar Talente verkümmern, da sie nicht entsprechend wahrgenommen, gefördert und vor allem auch nicht (mehr) gesehen werden können. Durch solch ein Umfeld können die Kompetenzen der Kinder und Jugendlichen weder reifen noch wachsen, da den Kindern und Jugendlichen jegliche Möglichkeit genommen wird, aus echter Rückmeldung zu ihrer Leistung, aus echtem Feedback zu ihrem Verhalten, aus klarer Bewertung ihres Könnens zu lernen. Und das hat Folgen.

Häufig führt es dazu, dass diese Kinder als Jugendliche und später als Erwachsene dazu neigen, sich nur geringfügige Ziele zu setzen – Aufgaben, von denen sie sicher sind, dass sie diese erfolgreich meistern können, um jegliches Scheitern zu vermeiden und nicht die Aufmerksamkeit darauf zu lenken, dass sie vielleicht doch nicht so herausragend sind, wie sie es lange Zeit zu glauben gelernt haben.

Diese Prägung führt leider nicht nur dazu, dass solche Kinder und Jugendlichen sich im Leben mit kleinen Zielen begnügen, sondern auch dazu, dass sie emotional klein bleiben, da sie weder durch Herausforderungen wachsen konnten noch gezwungen waren, ihre Komfortzone zu verlassen. **Dadurch wurden sie um eine wesentliche Erfahrung gebracht, die für das persönliche Wachstum wichtig ist: das konstruktive oder dosierte Scheitern.** Zudem empfinden diese jungen Menschen oft keine Freude oder Motivation bei der Leistungserbringung und Anstrengung, was das Streben nach größeren Zielen oder sogar das Entwickeln einer eigenen Vision und Mission für sie nahezu unmöglich macht.

Und auch die Disziplin bleibt auf der Strecke, denn für was oder wen soll man sich disziplinieren, gar anstrengen? Wenn wir in der Zukunft jedoch nur noch Erwachsene haben, die sich kaum noch etwas vorstellen können, wofür sich Anstrengung lohnt, und stattdessen wie Satelliten um sich selbst kreisen und in einem sozialen Gefüge nicht mehr integrierbar sind, weil sie permanent im Mittelpunkt stehen oder posten müssen, was sie gerade essen, erleben oder wen sie treffen, zudem wenig belastbar sind und vor allem dann auch noch für das (Wenige), was sie tun, ständig beklatscht werden müssen, ist unsere Gesellschaft wahrlich nicht mehr zukunftsfähig.

Stimmen Sie der letzten Aussage zu? Wenn ja, warum? Wenn nein, warum nicht? Ist das alles zu schwarz gedacht? Wie ist Ihre Meinung dazu?

Und NEIN!

Wir wollen hier wirklich nicht stigmatisieren, diskriminieren oder Schwarzmalerei betreiben. Es gibt auch ganz viele Eltern, pädagogische Fach- und Lehrkräfte, die es gut und richtig machen, indem sie eine natürliche Autorität sind, **Kinder ernst nehmen und ihnen mit Respekt begegnen, ihnen wertschätzende und vor allem ehrliche Rückmeldungen zu ihrem Können, ihrer Leistung und vor allem ihrem Verhalten geben,** auch wenn damit verbundene Konflikte vorprogrammiert sind. Wer sein Kind liebt, hat den Mut zum NEIN und überwindet seine Angst vor der Konfrontation und gibt ihm das, was es wirklich braucht:

»Es ist die Hauptaufgabe von Eltern, das fundamentale Bedürfnis ihrer Kinder nach Nähe, Sicherheit, Fürsorge, Nahrung, Kleidung und Schlaf zu befriedigen. Darüber hinaus haben sie auch die Möglichkeit, ihnen ihre momentanen Wünsche zu erfüllen.« Jesper Juul (2018, S. 51)

Wenn Eltern jedoch ihr Verhalten von der momentanen Lust oder Unlust, den Wünschen und dem Verlangen ihrer Kinder abhängig machen, kippt die Erziehung ins Negative. Denn »Kinder können nicht verwöhnt werden, indem sie ›zu viel‹ von dem bekommen, was sie wirklich brauchen. Verwöhnte Kinder sind Kinder, die ein NEIN nicht akzeptieren können; die damit rechnen, dass ihre unmittelbaren Wünsche jederzeit sofort erfüllt werden; die fordernd und anstrengend sind. Doch so entwickeln sich nur Kinder, die zu viel vom Verkehrten bekommen – und vor allem aus falschen Gründen.« (Juul 2018, S. 52)

Dieser Aussage von Jesper Juul stimmen wir zu und plädieren gleichzeitig dafür, die Verantwortung für Kinder zu teilen und Eckpfeiler der Erziehung noch einmal ganz genau zu beleuchten. **Anstrengungsbereitschaft muss sich wieder lohnen, und Disziplin und Selbstregulation sind Schlüsselkompetenzen.** Leistung darf und muss sein. Ob man sie in Noten messen und zum Ausdruck bringen muss, ist eine andere Sache, denn auch unser Bildungssystem muss überarbeitet, reformiert und neu gedacht werden, wie schon in Kapitel 1 erwähnt, um es an die Veränderungen in unserer Welt anzupassen.

Mit Blick auf die Zukunft der Kinder und unseres Landes wäre es daher wichtig, dass wir alle das Pendel, das nach der erniedrigenden und strafenden Erziehung der früheren Jahrzehnte jetzt schon seit einigen Jahren in eine völlig andere und unserer Meinung nach falsche Richtung ausschlägt, da viele Eltern sich komplett ihren Kindern unterordnen, wieder einfangen und es neu ausrichten bzw. nachjustieren. Und auch wenn Eltern scheinbar aus Angst vor dem Verlust der Liebe ihrer Kinder ihnen ein NEIN verweigern, wird es Zeit, **dass sie den Mut fassen und dies neu lernen, um aus Liebe zu ihrem Kind wieder NEIN zu sagen** und klare, nachvollziehbare Grenzen zu setzen und logische Konsequenzen einzufordern.

Alexej Kuznetsow (38), Berufsschullehrer: Mir ist es wichtig, dass die Jugendlichen in meiner Klasse einen guten Abschluss machen. Und den bekommen sie nicht geschenkt. Ich lasse es daher nicht durchgehen, wenn sie ihre Aufgaben nicht dabei oder Schulbücher vergessen haben. Ich weiß, das klingt jetzt pingelig oder kleinkariert, aber egal. Die wissen, was dann kommt, und daher passiert ihnen das bei mir immer nur einmal. Danach hat jeder immer alles dabei, was er bzw. sie für meinen Unterricht braucht. Genauso wissen allerdings auch alle, dass sie mich jederzeit ansprechen oder anrufen oder auch online treffen können, wenn sie mit dem Stoff nicht weiterkommen, weil eine Facharbeit oder Prüfung ansteht. Dann helfe ich ihnen und unterstütze sie. Aber das eine bekommst du nicht ohne das andere. So ist das im Leben immer. Wer sich an die Regeln hält und sich anstrengt, wird auch unterstützt und erreicht sein Ziel. Das sollen sie bei mir lernen, dafür steh' ich, das ist mir wichtig.

Selbstbewusste und selbstständige Persönlichkeiten wären ein gutes Ziel

Sicherlich ist es erst einmal grundlegend richtig und wichtig, dass Eltern alles dafür tun, dass es ihren Kindern gut geht, damit sich diese sicher, geliebt und wohl fühlen, damit Bindung und Vertrauen aufgebaut werden können, damit sich die Kinder zu starken, selbstbewussten und selbstständigen Persönlichkeiten entwickeln können. Es ist jedoch genauso wichtig für ein gelingendes Aufwachsen und eine positive Entwicklung, **dass Kinder Eltern und pädagogische Fachkräfte aus Schule und Kita als natürliche, also positive Autorität erleben.** Alle pädagogischen Fachkräfte, Eltern sowie auch Führungspersönlichkeiten sollten sich daher wieder bewusst dieser Verantwortung stellen.

Kinder zu erziehen, braucht den Mut, eine Autorität zu sein

Angelehnt an die Aussage des dänischen Familientherapeuten Jesper Juul, der beschreibt, dass immer die Erwachsenen für die Beziehungsqualität zwischen Kind und Erwachsenem verantwortlich sind, möchten wir den Blick auf ein Thema lenken, mehr noch eine Bewegung, die sich in den letzten Jahren immer mehr und stärker in Grundschulen und Kindertagesstätten sowie auch vielen Familien durchgesetzt hat und zur Auseinandersetzung mit der eigenen Autorität, im Kontext der offenen Aufmerksamkeit und wachsamen Sorge für das Kind, entwickelt hat: **Das Konzept der neuen oder auch natürlichen oder gesunden Autorität.**

Es ist ein Handlungsansatz, der nicht nur den erzieherischen Umgang in Familien positiv beeinflusst hat, sondern sich auch als vielversprechendes Modell in Grundschulen und Kindertagesstätten etabliert hat. In den letzten zehn Jahren hat sich das Konzept auch in beratenden und therapeutischen Bereichen sowie insbesondere im Kontext von Führung bewährt. **Die zugrunde liegende Haltung hat zahlreiche Menschen inspiriert und dazu ermutigt, praktische Ansätze zu entwickeln, um Kinder, Jugendliche und Erwachsene im Alltag sowie in Krisensituationen erfolgreich und sicher zu begleiten.** Dabei stehen das Verständnis von Autorität sowie die Auseinandersetzung mit traditioneller und Neuer Autorität im Mittelpunkt.

Haim Omer hat zur Verdeutlichung des Unterschieds die »Neue Autorität« mit einigen grundsätzlichen Aspekten von der »traditionellen Autorität« abgegrenzt:

Traditionelle Autorität:	Neue Autorität:
Furcht & Distanz	Präsenz & Beziehung
Kontrolle	Selbstkontrolle
Hierarchie	Netzwerk (Wir)
Vergeltungspflicht & Strafen	Eskalationsvorbeugung
Immunität vor Kritik	Transparenz
Dringlichkeit	Beharrlichkeit

Traditionelle versus Neue Autorität. Tabelle entnommen aus: Körner/Lemme/Ofner/von der Recke/Seefeldt/Thelen (Hg.) 2019, S. 265

Im Kontext der »Neuen Autorität« geht es generell um eine reflexive Auseinandersetzung mit dem Begriff »Autorität«. Es handelt sich um eine Entwicklung weg von tradierten Formen der Autorität hin zu einer neuen, gesunden Autorität. Diese neue Form der Autorität ist vorteilhaft für Kinder, da sie Orientierung, Sicherheit und Halt bietet und gleichzeitig wachsame Sorge und offene Aufmerksamkeit gewährleistet.

Körner und Lemme (2019) beschreiben im Buch »Neue Autorität«, »[…] dass die erziehende Person in der Neuen Autorität die Verantwortung sowohl für die Beziehungsaufnahme als auch für die Beziehungsgestaltung übernimmt, indem sie eine Rahmung und Orientierung ebenso anbietet wie Beiträge zu einer Verbesserung der Beziehung, auch wenn es kritische Situationen gegeben hat.« (Körner et al. 2019, S. 31)

Dies deckt sich unserer Meinung nach mit der Aussage von Jesper Juul. Körner und Lemme beziehen sich ebenso wie Juul auf die Bindungstheorie, die zwei zentrale elterliche Funktionen für eine gesunde Entwicklung und als Voraussetzung für eine stabile und sichere Bindung des Kindes klar benennt: »**Eltern bieten dem Kind einerseits eine verlässliche, sichere Basis,** die ihm das Erforschen einer fremden Umgebung und die Entwicklung seiner Selbstständigkeit ermöglichen. **Andererseits bieten sie ihm einen sicheren Hafen, wo das Kind Schutz, Trost und Zuspruch erfahren kann.**« (Körner et al. 2019, S. 265)

Und auch die Ermutigung beim Einfordern von Aufgaben steht für fürsorgliches Elternverhalten, analog der Bindungstheorie, die für erzieherische Fürsorge, Responsivität und Zuwendung sowie die achtsame Wahrnehmung des Kindes steht. Alle Eingewöhnungskonzepte, die in den vergangenen Jahren für den Übergang von der Familie in die Kita und beim Übergang von der Kindertagesstätte in die Grundschule entwickelt wurden, stützen sich auf die achtsame Wahrnehmung der Kinder bei gleichzeitiger responsiver Haltung der Erwachsenen.

Körner und Lemme (2019) weisen zudem darauf hin, dass die erzieherische Präsenz insbesondere in der mittleren Kindheit und in der Adoleszenz auch Fähigkeiten wie Beständigkeit, Entschlossenheit, Aufsicht und Begleitung erfordert. »Für viele Eltern ist es eine große Herausforderung, diese Haltung wieder einzunehmen, wenn aufgrund der Eskalationsprozesse andere Beziehungsmuster den Alltag bestimmen.« (Körner et al. 2019, S. 31) Daher benennen die Autoren den entsprechenden Handlungsaspekt zusätzlich mit dem Begriff »Entscheidung«. »Die Entscheidung, **sich trotz aller Widrigkeiten und möglicher zwischenzeitlicher Enttäuschungen beharrlich und hoffnungsvoll um Beziehungsverbesserung und entsprechende Kontextänderungen zu bemühen,** bedeutet eine innere Kraft, die sich Eltern wie Pädagoginnen und andere Betroffene für ihre jeweilige Situation verdeutlichen müssen.« (Körner et al. 2019, S. 31)

In unserer Gesellschaft stellen die hohen Ansprüche an die Moral, Werte und Integrität Eltern sowie auch pädagogische Fach-, Lehr- und Führungskräfte vor die gleichen Herausforderungen. Von daher wäre es wünschenswert, wenn auch alle am Erziehungsprozess Beteiligten die Neue Autorität für sich entdecken würden, um bestenfalls an »einem Strang zu ziehen«.

Reflexionsfragen:

- Was denken Sie, hat Narzissmus etwas mit falsch verstandener Liebe zum Kind zu tun?
- Kennen Sie das Konzept der Neuen Autorität? Wenn nein, hätten Sie Lust, sich weiter damit zu beschäftigen? Wenn nein, warum nicht?
- Wenn ja: Unser Buchtipp: Körner, B./Lemme, M./Ofner, S./von der Recke, T./Seefeldt, C./Thelen, H. (Hg.) (2019): Neue Autorität. Das Handbuch. Göttingen.
- Was denken Sie, hat fehlende Disziplin etwas mit fehlender Autorität in der Erziehung zu tun?
- Und wie könnte man dem entgegenwirken? Wo sehen Sie in Ihrem Alltag Ansätze?

Disziplin im Kontext relevanter Begriffe

Disziplin versus Resilienz

Resilienz ist ein Begriff, der die Fähigkeit beschreibt, nach Rückschlägen, Traumata oder schwierigen Situationen psychologisch und emotional wieder zu erstarken. Es handelt sich um eine dynamische Anpassungsfähigkeit, die es Menschen ermöglicht, mit Stress und widrigen Umständen umzugehen und gestärkt daraus hervorzugehen. Wer sich resilient entwickelt, wirkt selbst aktiv regulierend auf seine Umwelt ein, denn es geht um den Aufbau individueller Schutzfaktoren. Masten und Reed (2002) betonen zudem, dass Resilienz keine angeborene Eigenschaft ist, sondern durch persönliche Erfahrungen, Bewältigungsstrategien und soziale Unterstützung entwickelt wird. So neigen Menschen mit hoher Resilienz dazu, Belastungen besser zu bewältigen, sich schneller zu erholen und gestärkt aus schwierigen Zeiten oder Krisen hervorzugehen.

Praxisbeispiel:

Nachdem die Werkstatt von Thomas Reuter, Tischlermeister, durch ein Feuer fast vollständig zerstört wurde, stand er vor den Trümmern seines Lebenswerks. Anstatt sich von der Verzweiflung übermannen zu lassen, fasste er schon am nächsten Tag neuen Mut. Er begann, die Überreste aufzuräumen und aus dem noch intakten Teil der Werkstatt eine provisorische Arbeitsstelle einzurichten. Trotz des Schocks und des materiellen Verlustes konzentrierte sich Thomas darauf, was noch zu retten war. Er organisierte notwendiges Werkzeug und Materialien und setzte seine Arbeit fort. Dieses entschlossene Handeln half ihm nicht nur, seinen Betrieb am Laufen zu halten, sondern stärkte auch seinen Optimismus und seine Hoffnung auf den Wiederaufbau seiner Werkstatt. Thomas' disziplinierte Herangehensweise, täglich an seinem provisorischen Arbeitsplatz zu erscheinen und weiterzuarbeiten, förderte seine Resilienz. Dies ermöglichte es ihm, sich trotz Rückschlägen auf seine langfristigen Ziele zu konzentrieren und sich emotional schneller zu erholen. Ohne seine resilienten Fähigkeiten hätte ihm jedoch auch die Disziplin nur bedingt geholfen, denn wahre Stärke in solch schwierigen Zeiten erfordert beides: Disziplin, um am Ball zu bleiben, und Resilienz, um Rückschläge verarbeiten und sich davon erholen zu können.

Unserer Erfahrung nach sind **Disziplin und Resilienz eng miteinander verknüpft, da sie sich gegenseitig unterstützen und verstärken können.** So bedingt eins das andere, so gehen Selbstdisziplin und

Resilienz Hand in Hand. Denn Resilienz, die innere Widerstandskraft, trägt dazu bei, dass sich eine Person auch nach Misserfolgen oder Schwierigkeiten wieder motivieren kann »weiterzumachen« und die eigene innere Disziplin wiedererlangt, um sich erneut der Anstrengung zu stellen. Denken Sie an das Beispiel von Thomas und seinem Werkstattbrand. Die Selbstdisziplin verstärkt andersherum wieder die inneren Widerstandskräfte, die helfen, nicht aufzugeben.

Laut Duckworth, Peterson, Matthews und Kelly (2007) ist Disziplin somit ein wichtiger Faktor für Leistung und kann sogar eine stärkere Vorhersagekraft für Erfolg haben als Intelligenz oder Talent. Es zeigt sich, dass Menschen, die über eine hohe Selbstkontrolle verfügen, ihre Ressourcen effektiver nutzen und langfristige Ziele engagierter verfolgen können.

Eine Studie von Leipold und Greve (2009) zeigt zudem, dass Personen mit hoher Resilienz eher dazu neigen, auch in schwierigen Zeiten ihre Ziele nicht aus den Augen zu verlieren und an ihrer Disziplin festzuhalten. Diese Fähigkeit zur Resilienz ermöglicht es ihnen, **Herausforderungen als vorübergehend anzusehen und sich auf ihre langfristigen Ziele zu konzentrieren.**

Beides sind entscheidende Eigenschaften für persönliches Wachstum und Erfolg. Indem schon Kinder durch Spiele, gemeinsame Aktionen oder im Sport die Fähigkeit zur Selbstkontrolle und Beharrlichkeit (Disziplin) entwickeln, werden sie in die Lage versetzt, sich auch auf ihre Ziele zu konzentrieren und ihren Weg in Richtung Erfolg einzuschlagen. So erleben sie auch durch sportliche Herausforderungen, individuelle Experimente und gemeinsame Aktionen die eigene Selbstwirksamkeit und entwickeln den Glauben an sich selbst: »Wenn ICH will, dann kann ICH auch!«

Ursula Jallik (58), Schulsozialarbeiterin: Ich bin mit meinem Klappfahrrad damals während meiner Ausbildung zwischen Wohnung, Fachschule und Kneipe täglich und allabendlich hin und her geradelt. Ich habe bis nachts um ein Uhr in der Kneipe gejobbt, um Geld zu verdienen, bin dann zu meiner kleinen Wohnung gefahren, habe geschlafen und bin um 7 Uhr wieder los zur Fachschule. Tag für Tag, Woche für Woche. Gelernt habe ich am Nachmittag vor Schichtbeginn oder an dem einen freien Tag in der Woche, an dem die Kneipe zu hatte. Freizeit hatte ich so gut wie nie, denn auch am Wochenende habe ich entweder gelernt oder gearbeitet. Das war hart, aber ich wusste, das ist nur vorübergehend, das geht vorbei. Und ich wusste, ich mach' das für mich, ich wollte die Ausbildung zur Erzieherin schaffen, um dann weiter studieren zu können. Und ich habe es geschafft. Außerdem weiß ich daher heute auch, was ich alles leisten und aushalten kann, wenn ich will. Das hat mir schon oft persönlich und auch jetzt in meiner Rolle als Schulsozialarbeiterin in den oft schwierigen und herausfordernden Situationen, die sich im Alltag ergeben, geholfen. Aufgeben gibt's nicht. Wer will, kann auch. Es gibt immer einen Weg. Das vermittle ich auch den Schüler:innen an meiner Schule. Resilienz ist eine wichtige Schlüsselkompetenz, genauso wie Disziplin.

Reflexionsfragen:

- Wie denken Sie über die beiden Begriffe: Disziplin und Resilienz?
- Was sind für Sie Resilienzfaktoren? Und wie könnte man sie im Alltag (auch bei Kindern, Jugendlichen oder Auszubildenden) verstärken?
- Welche Beispiele fallen Ihnen ein, um Kinder, Jugendliche oder Auszubildende an Herausforderungen wachsen zu lassen?
- Wie müssen sich Erwachsene verhalten, um Kindern, Jugendlichen und Auszubildenden ein resilientes Vorbild zu sein?
- Was können Führungskräfte tun, um Mitarbeiter:innen resilient zu führen?

Eine gute Resilienzfähigkeit stärkt die Selbstdisziplin, und die Selbstdisziplin stärkt wiederum die Resilienzfähigkeit, was zu einer positiven Aufwärtsspirale führt. Resilienz ermöglicht Kindern und Jugendlichen auch, sich von Rückschlägen nicht entmutigen zu lassen, mehr noch, sogar gestärkt aus Herausforderungen hervorzugehen. Wenn Erwachsene durch Interaktionen sowie angemessene Angebote und Herausforderungen dafür sorgen, dass Kinder und Jugendliche in ihrem Tun ermutigt werden, dass sie spüren, »Anstrengung lohnt sich«, auch wenn es mal schwer ist, auch wenn man scheitert, es also nicht auf Anhieb klappt, entdecken sie ihre inneren Motoren – die Disziplin und Widerstandskraft, auf die sie dann auch in anderen Situationen zurückgreifen können.

Disziplin versus Effizienz und Müßiggang

Starten wir diesmal zuerst mit einigen Reflexionsfragen in diesen Textabschnitt:

Reflexionsfragen:

- Was ist Effizienz? Wie würden Sie diesen Begriff erklären?
- Und was hat Effizienz mit Disziplin zu tun?
- Was ist Müßiggang? Wie würden Sie diesen Begriff erklären?
- Und was hat Müßiggang mit Disziplin zu tun?
- Welche Rolle spielen Effizienz und Müßiggang in Ihrem Leben, der Arbeitswelt und der Pädagogik?

Rein sachlich bezieht Effizienz sich auf die Fähigkeit, Ressourcen optimal zu nutzen, um ein bestimmtes Ziel zu erreichen oder eine Aufgabe mit minimalen Verlusten an Zeit, Energie, Kosten oder anderen Ressourcen zu erfüllen. **Eine effiziente Handlungsweise zielt somit darauf ab, maximale Ergebnisse mit minimalem Aufwand zu erzielen.** Daher ist Effizienz in vielen Bereichen von großer Bedeutung, wie z. B. im Handwerk, in Unternehmen, in technischen Prozessen sowie auch im täglichen Leben, wenn wir z. B. den Hausputz erledigen, oder auch in Organisationen, wie z. B. einer Schule oder Kita, in der es bestimmte Prozesse gibt, die immer ähnlich ablaufen und als Standardprozesse im Qualitätshandbuch hinterlegt werden, damit sie effizient sind, nicht immer wieder aufs Neue diskutiert werden müssen und zudem eine gleichbleibend gute Qualität in der Umsetzung garantieren. Sicherlich ist es wichtig, dass es in einer Kita, einer Organisation und auch in Unternehmen viele flexible und kreative Prozesse gibt, doch um in kurzer Zeit mit wenig Aufwand etwas zu erledigen, brauchen wir effizientes Handeln, effiziente Prozesse, die scheinbar wie von selbst von der Hand gehen.

Beate Drilling (37), Kitaleitung: Seit wir in unserer Einrichtung standardisierte Prozesse für verschiedenste Bereiche eingeführt haben, hat sich die Qualität unserer Arbeit echt gesteigert. Wir arbeiten effizienter. Sie ist zudem auch für alle einfacher geworden, da wir nicht immer wieder aufs Neue bestimmte Vorgehensweisen diskutieren müssen. Beispielsweise unsere Entwicklungsberatungsgespräche mit den Eltern. Die laufen bei uns immer gleich ab. Wir haben dafür eine Checkliste zur Vorbereitung und eine zur Nachbereitung entwickelt. Während des Gesprächs wird mit einem Vordruck Protokoll geführt. Den Ablauf selbst haben wir in Kleinteams erarbeitet und dann zu einem stimmigen Fahrplan zusammengetragen. Jede Erzieherin und jeder Erzieher meiner Einrichtung kann nun ganz unkompliziert ein Entwicklungsberatungsgespräch absolvieren, und wir alle wissen zudem, dass allen Eltern unserer Kita so auch die gleiche Qualität zuteilwird. Sicherlich verläuft das eine Gespräch geschmeidiger und manchmal auch schneller als das andere, aber im Durchschnitt passt es. Und das gibt auch mir als Leitung ein gutes Gefühl. Früher waren die einen Mitarbeiterinnen in 20 Minuten durch, während die anderen fast 2 Stunden dagesessen haben. Und wenn ich dann gefragt habe, wie es gelaufen ist, war es bei beiden »super«. Jetzt weiß ich genau, wie sich auf die Gespräche vorbereitet wird und wie sie absolviert werden, obwohl ich selbstverständlich nicht bei allen Gesprächen mit dabei bin. Ich werde nur geholt, wenn es brenzlig werden kann, und das ist auch in Ordnung. Mein Job ist es, darauf zu achten, dass sich jeder im Team diszipliniert an die Vorgaben, Absprachen, die Zeitvorgaben sowie den Ablauf und die Nachbereitung hält. Die Gespräche werden jedoch von den pädagogischen Fachkräften geführt.

Reflexionsfragen:

- Welche Aufgaben oder Prozesse fallen Ihnen spontan ein, die man in Ihrem Haushalt, an Ihrem Arbeitsplatz, Ihrer Kita oder Schule effizienter gestalten sollte?
- Wieso sollte man generell in Unternehmen, in Kitas oder Schulen zwischen effizienten Standardprozessen und flexiblen bzw. kreativen Prozessen und Aufgaben unterscheiden?

Effizienz braucht Disziplin. Baumeister und Tierney (2011) stellen die These auf, dass Selbstregulierung, die eng mit Disziplin verbunden ist, ein Schlüsselfaktor für die Zielerreichung und die Förderung von Effizienz ist. Indem man sich selbst »in Schach halten« kann, unwichtige von wichtigen Dingen trennt sowie Ablenkungen vermeidet und an der Aufgabe dranbleibt, sie durch die eigenen Ressourcen oder das eigene Tun sogar noch optimiert, spart man Zeit und Energie und wird effizient. Kleine Kinder entdecken dieses Phänomen meist wie nebenbei im Spiel oder bei einer intensiven Aktivität. Sie probieren sich aus und entdecken dabei, wie eine Sache schneller oder leichter zu meistern ist.

Praxisbeispiel:

Manuel will Klötze von einem Baubereich in den anderen bringen. Er hebt einige Klötze vom Boden auf, türmt sie auf seinen Arm, erhebt sich vom Boden und geht um den Raumteiler herum hinüber zum zweiten Bauteppich. Dort lässt er die Bausteine zu Boden fallen. Diesen Vorgang wiederholt er einige Male sehr emsig und lässt sich auch nicht vom Gruppengeschehen ablenken, bis er plötzlich innehält und sich umschaut. Er sieht Xavier in der anderen Ecke des Raumes. Dieser stapelt leere Kisten. Wie auf ein Zeichen hin geht der fünfjährige Manuel zu Xavier, in die andere Ecke des Raumes, und bittet diesen um eine leere Kiste. Diese trägt er dann hinüber zum Baubereich, befüllt sie mit etlichen Bausteinen und hebt die Kiste an. Nun trägt er sie hinüber auf den anderen Bauteppich. Sichtlich erfreut stülpt er die Kiste um und sagt: »Boh, so viele!« Mit Stolz erfüllt geht er sofort wieder los, um die Kiste erneut zu befüllen.

Manuel freut sich über sich selbst. Er hat entdeckt, dass er mit einer Kiste viel schneller und leichter viel mehr Klötze von A nach B tragen kann als auf seinen Armen. Manuel hat die Effizienz entdeckt und weiß nun, wie er auch künftig in anderen Situationen Dinge effizient von A nach B transportieren kann. **Seine Selbstdisziplin hat ihm geholfen, an der Transportaufgabe »dranzubleiben«, seine Kreativität und kognitive Intelligenz verhalfen ihm zur Idee, um eine Kiste zu bitten, seine Selbstregulationsfähigkeit half ihm, sich selbst »in Schach« zu halten, sich nicht vom Gruppengewusel ablenken zu lassen und vor allem nicht aufzugeben. Und so kam es für ihn am Ende zum Flow-Erleben und zur Entdeckung der Effizienz.** Er selbst hat sich dieses wunderbare Erfolgserlebnis beschert. Zudem weiß er nun aus eigener Erfahrung, wie er effizient, also schnell und zeitsparend, viele Klötze transportieren kann.

Effizienz bezieht sich also auf die Fähigkeit, Ressourcen wie Zeit, Energie, Kreativität, Fantasie, Know-how oder auch Geld effektiv zu nutzen, um »gute« Ergebnisse zu erzielen. Eine effiziente Person kann Aufgaben schneller und mit weniger Aufwand erledigen und dabei dennoch hohe Qualität aufrechterhalten. Effizienz ist entscheidend, um Zeitverschwendung zu vermeiden und Produktivität zu steigern. Diese Kompetenz kommt uns in vielerlei Hinsicht zugute, wie z. B. um eine Prüfung zu meistern, ein Projekt pünktlich abzuschließen, eine wichtige Aufgabe passgenau zu erledigen, die Vorgaben zu erfüllen, die ein Vorgesetzter bei der Arbeit oder eine Lehrerin im Unterricht verlangt, oder um Aufgaben zu erledigen, die man sich selbst auferlegt. Wer es in solchen Situationen dann schafft, die eigenen Wünsche, Bedürfnisse oder auch Ablenkungen für eine gewisse Zeit auszublenden, um »effektiv« die eigenen und ggf. auch äußeren Ressourcen zu nutzen, wird seine selbst oder von außen vorgegebenen Ziele leichter und vor allem auch schneller erreichen.

Verstehen Sie uns nicht falsch, **uns geht es nicht um ein »schneller, besser, weiter, toller«** usw. Denn sicherlich brauchen wir in unserer auf Leistung ausgelegten Gesellschaft und im eng getakteten Alltag auch den Müßiggang, die Langeweile und das kreative schöpferische experimentelle Tun bzw. Nichts-Tun. Wir brauchen aber auch die Effizienz, die sich aus der Disziplin nährt. **Wie so oft ist es die gesunde Balance zwischen beiden Polen, die uns hilft, ein entspanntes und gleichsam erfolgreiches und erfülltes Leben zu führen.**

Disziplin und Effizienz sind somit eng miteinander verwoben und beeinflussen einander gegenseitig. Eine disziplinierte Person kann effizienter sein, da sie ihre Zeit und Ressourcen besser plant und sich auf produktive Aktivitäten fokussiert. Gleichzeitig kann eine effiziente Arbeitsweise die Disziplin fördern, da das Erreichen von Ergebnissen positive Verstärkung bietet und die Motivation (auch im Team) steigert. Wer kennt nicht den Spruch »Viele Hände, schnelles Ende!«? Tatkraft und eine effektive sowie gut organisierte Herangehensweise sparen nun mal Zeit, Kraft und Energie.

Doch leider müssen wir aus unserer Erfahrung heraus auch darauf hinweisen, dass in manchen Behörden, Unternehmen, Kitas oder Schulen viel kostbare Zeit und auch so manche Ressource z. B. bei

Besprechungen, Teamsitzungen oder der Organisation von Prozessen und Projekten verschwendet wird.

Reflexionsfragen:

- Welche Prozesse fallen Ihnen spontan ein, wo Ressourcen in Ihrem privaten oder beruflichen Alltag vergeudet werden?
- Welche Veränderungen wären für diese Prozesse bzw. Arbeiten sinnvoll, um effizienter und passgenauer zu werden?
- Und wann und wo sollte bewusst auf Effizienz verzichtet werden?

Disziplin und Effizienz: eine Feedbackschleife

Eine Studie von Duckworth und Gross (2014) weist darauf hin, dass die Steigerung der Disziplin zu größerer Effizienz führt, was wiederum die Motivation zur Aufrechterhaltung der Disziplin stärkt. Eins bedingt das andere und beides fördert einander, denn beide Eigenschaften oder Kompetenzen, wie auch immer man sie bezeichnen mag, sind Schlüsselfaktoren für persönliche Produktivität und Zielerreichung, die sich wechselseitig beeinflussen. Analog verhält es sich mit der Disziplin und dem Müßiggang.

Obwohl Müßiggang und Disziplin auf einer Skala die am weitesten entfernten Punkte sind und auf den ersten Blick gegensätzlich erscheinen, da sie zwei unterschiedliche Herangehensweisen an Zeit und Handeln repräsentieren, passen sie dennoch gut zusammen. Ein kurze abschließende Begriffsschärfung soll das verdeutlichen:

Der Müßiggang

Müßiggang bezieht sich auf das bewusste Nichtstun oder die Freizeitgestaltung ohne bestimmte Ziele oder produktive Aktivitäten, obwohl beim Müßiggang oft kreative Denkprozesse angeregt werden. Müßiggang kann wichtig sein, um sich zu erholen, Stress abzubauen und Raum für Kreativität und Reflexion zu schaffen. In gewisser Weise ist Müßiggang eine Möglichkeit, sich zu regenerieren und die Gedanken schweifen zu lassen, ohne in bestimmte Verpflichtungen oder Strukturen eingebunden zu sein.

Praxisbeispiel:

Violetta, 10 Jahre, ist eine recht gute Schülerin. Hin und wieder fällt es ihr jedoch schwer, ihre Bewegungsfreude zu unterdrücken. Ihre Lehrerin merkt dies recht schnell, weil Violetta dann anfängt, unruhig auf dem Stuhl herumzuzappeln, und zunehmend hektisch in ihrem Faulenzermäppchen herumkramt oder anfängt, mit der Tischnachbarin zu plaudern. Abgemacht haben die beiden, dass Violetta sich in solchen Momenten eine Erholung gönnt, eine kurze Phase des Müßiggangs. Sie selbst darf dann entscheiden, ob sie sich kurz auf das Sofa im Klassenraum legt, ihren Gedanken nachhängt, um aus dem Fenster oder in den Klassenraum zu schauen. Alternativ darf sie auch für 5 Minuten das Klassenzimmer verlassen und eine Bewegungsauszeit nehmen. Auf dem Flur kann sie dann zwischen dem Springseil und dem Hüpfball wählen. Meistens entscheidet sich Violetta für den Müßiggang, die Auszeit auf dem Sofa. Nach der kurzen Auszeit kommt sie dann sichtbar gestärkt zurück und arbeitet an ihrer Aufgabe weiter. Einmal hat ihre Lehrerin sie gefragt, warum sie nicht lieber auf den Flur hinausgeht, um sich zu bewegen, da hat Violetta wie folgt geantwortet: »Auf dem Sofa kann ich gut nachdenken. Und zack, weiß ich, wie die Aufgabe geht. Nix machen ist gut für mein Gehirn.« Wie weise von Violetta, obwohl sie erst 10 Jahre alt ist. Sie weiß schon jetzt um die wohltuende Kraft einer Auszeit bzw. des Sich-Treibenlassens und des süßen Nichts-Tuns, um wieder in die eigene Kraft zu kommen.

Disziplin steht somit für die Fähigkeit, sich selbst zu organisieren, Ziele zu setzen und konsequent an deren Erreichung zu arbeiten, wie Sie jetzt schon einige Male lesen konnten. Disziplin beinhaltet zudem oft die Bereitschaft, unangenehme Aufgaben anzugehen und trotz Ablenkungen oder Schwierigkeiten »auf Kurs« zu bleiben, wie in dem Beispiel mit Violetta. Disziplin ist ein entscheidender Faktor für die Erreichung von Zielen und für das effiziente Nutzen von Ressourcen. Und obwohl Müßiggang und Disziplin anscheinend auf den ersten Blick unterschiedliche Konzepte zu sein scheinen, können sie tatsächlich zusammenpassen, wenn sie in einem ausgewogenen Verhältnis praktiziert werden, denn beide haben ihre eigenen Vorteile:

Der Müßiggang kann den Geist frei machen und Kreativität fördern, indem er Raum für neue Ideen und Gedanken schafft, die möglicherweise in einer strukturierten Umgebung nicht auftreten würden. **Die Disziplin** hilft, die nötige Engagiertheit aufzubringen, um das Werk zu vollenden. **Der Müßiggang** bietet so auch Raum für Entspannung und Erholung von stressigen oder anstrengenden Aktivitäten. Er kann dazu beitragen, Überforderung und damit auch Burn-out zu vermeiden und die geistige und körperliche Gesundheit zu fördern. **Die Disziplin** hilft wiederum dabei, sich »aufzuraffen«, um dann z. B. an der Yoga- oder Entspannungseinheit auch wirklich teilzunehmen. Beide bedingen sich und brauchen einander, was das folgende Praxisbeispiel noch einmal veranschaulicht.

Praxisbeispiel:

Laura, eine Grafikdesignerin, hatte sich seit Wochen intensiv auf ein großes Projekt konzentriert. Der Druck und die strukturierten Arbeitszeiten ließen ihr kaum Raum zum Atmen. Eines Tages entschied sie sich, bewusst eine Pause einzulegen und einen ganzen Nachmittag im Park zu verbringen, ohne Laptop und Telefon. Während sie dort saß und die Wolken beobachtete, kamen ihr plötzlich neue, inspirierende Ideen für ihr Designprojekt. Diese Einfälle hätte sie in der normalen Büroumgebung wahrscheinlich nie gehabt. Mit frischer Energie kehrte sie zurück an ihren Schreibtisch. Dank ihrer disziplinierten Arbeitsweise konnte sie die neuen Ideen sofort umsetzen und das Projekt erfolgreich abschließen.

Lauras Erfahrung zeigt, wie Müßiggang den Geist befreien und die Kreativität anregen kann, während Disziplin notwendig ist, um diese Ideen effektiv in die Tat umzusetzen. Wir benötigen daher eine ausgewogene Mischung aus Müßiggang, Disziplin und Effizienz, da diese Elemente hervorragend zusammenwirken können. Es geht letztlich darum, Perioden der Entspannung und des Nachdenkens mit Zeiten konzentrierter und disziplinierter Arbeit zu vereinen. Auf diese Weise erreichen wir eine gesunde Balance zwischen Erholung und Leistungsfähigkeit sowie zwischen Kreativität und Effektivität.

Disziplin und Gesundheit

Disziplin und Gesundheit sind zwei miteinander verbundene Säulen, die unser Wohlbefinden und unsere Lebensqualität maßgeblich beeinflussen. **Gesundheit umfasst den Zustand körperlichen, geistigen und sozialen Wohlbefindens. Diszipliniertes Verhalten in Bezug auf Ernährung und Bewegung ist von entscheidender Bedeutung für unsere Gesundheit.**

Forschungen haben gezeigt, dass Menschen mit einer hohen Selbstdisziplin eher gesunde Ess- und Bewegungsgewohnheiten beibehalten und regelmäßig körperlich aktiv sind (Duckworth/Seligman 2005). Eine disziplinierte Ernährung, die reich an nährstoffreichen Lebensmitteln ist und das Übermaß an ungesunden Nahrungsmitteln begrenzt, trägt dazu bei, das Risiko von ernährungsbedingten Krankheiten wie Fettleibigkeit, Herz-Kreislauf-Erkrankungen und Diabetes zu reduzieren. Ebenso ist regelmäßige körperliche Aktivität ein Schlüsselfaktor für eine gute körperliche Gesundheit und kann das Risiko von chronischen Erkrankungen verringern.

Wie so oft im Leben braucht es eine gute und ausgewogene Balance zwischen Wollen, Können, Machen und Dürfen. Wer sich nur kasteit und sich alles verbietet, wird auf Dauer aller Wahrscheinlichkeit nach unglücklich und vor allem unzufrieden. Wer nur isst und das tut oder eben auch nicht tut, wozu er Lust oder eben auch keine Lust hat, wird aller Wahrscheinlichkeit nach krank, fettleibig und träge.

Was wir brauchen, ist die goldene Mitte, also eine symbiotische Beziehung, um ein erfülltes Leben führen zu können.

Ein weiterer wichtiger Aspekt der Disziplin ist die Fähigkeit, mit Stress und psychischen Belastungen angemessen umgehen zu können. Eine gute und willensstarke Disziplin ermöglicht es uns, gesunde Bewältigungsstrategien einzusetzen, anstatt uns auf ungesunde Bewältigungsmuster wie z. B. übermäßigen Alkohol- oder Medienkonsum oder ungesundes Ess- oder Konsumverhalten zu stützen. Studien haben gezeigt, dass resiliente Menschen, die über eine hohe Disziplin verfügen, besser in der Lage sind, mit Stress umzugehen, und eine positive psychische Gesundheit aufrechterhalten (Ong/Bergeman/Boker 2009).

Eine disziplinierte Einstellung ist auch für eine gute medizinische Versorgung von entscheidender Bedeutung. Menschen, die diszipliniert sind, nutzen oft Prophylaxe-Maßnahmen wie z. B. die medizinische Zahnreinigung und nehmen auch bei einer Krankheit die verschriebenen Medikamente regelmäßig ein. Dies trägt dazu bei, die Wirksamkeit der medizinischen Behandlung zu maximieren und Komplikationen zu reduzieren. Zudem sind disziplinierte Menschen eher bereit, regelmäßig an gesundheitsunterstützenden Maßnahmen wie z. B. Rückengymnastik teilzunehmen oder sich regelmäßigen Untersuchungen zu unterziehen, was die Früherkennung von Gesundheitsproblemen ermöglicht.

Die Beziehung zwischen Disziplin und Gesundheit ist oft von entscheidender Bedeutung für ein erfülltes und vor allem gesundes Leben. Eine starke Disziplin in Bezug auf Ernährung, Bewegung, Stressbewältigung und medizinische Versorgung führt zu einer besseren körperlichen und psychischen Gesundheit. Indem wir unsere Disziplin stärken und gesunde Verhaltensweisen in unser Leben integrieren, können wir unsere Lebensqualität verbessern und das Risiko von Gesundheitsproblemen reduzieren.

Yamal Gökce (42), Stahlbauer: Es war an einem Sonntag, als ich mit dem Zug nach Hause fuhr und schon am Bahnhof merkte, dass was nicht stimmt. Mein Rücken tat dermaßen weh, dass ich mich kaum noch bewegen konnte. Letztendlich hat es fast sechs Wochen gedauert, die Blockade wieder zu lösen und die Muskeln im Rücken zu entlasten. Jetzt mache ich täglich Übungen und dreimal die Woche geh' ich ins Fitnesscenter, das hätte ich zwar nie gedacht, dass ich mich dazu aufraffen kann, aber es bringt echt was. Und so einen Schmerz will ich nicht wieder haben. Es kostet mich zwar immer noch viel Überwindung, aber ich zieh' das jetzt durch. Was ich will, will ich. Das war schon immer so, da bin ich stur.

Herr Gökce spricht von Sturheit, wir würden sagen, er ist diszipliniert. Und diese Disziplin braucht er auch, um ein gesundes Leben ohne Rückenschmerzen führen zu können. **Denn Veränderungen im Leben brauchen immer einen starken Willen, um zu Gewohnheiten und Routinen zu werden, die dann wie selbstverständlich ausgeführt werden.** Es ist somit wichtig anzumerken, dass die Entwicklung von neuen Gewohnheiten eine Herausforderung sein kann und viel Disziplin braucht, aber es ist möglich und machbar. Ein guter Anfang ist, sich erst einmal darüber klar zu werden, wie man überhaupt leben will und was einem wirklich wichtig ist, wie z. B. die Entscheidung von Herrn Gökce, ab sofort schmerzfrei weiterzuleben. Im nächsten Schritt gilt es dann, bei den »kleinen« Dingen im Alltag anzufangen, um Schritt für Schritt die ge- bzw. verfestigten Gewohnheitsmuster zu verändern. Das kann bedeuten, dass man z. B. einmal in der Woche joggt, jeden zweiten Tag schwimmen geht, statt zehn nur noch acht Zigaretten am Tag raucht oder mit Blick auf den beruflichen Alltag in der Kita z. B. immer einmal im Monat die Teamsitzung als »Workout« gestaltet, indem alle sich beim Spazierengehen über ein pädagogisches Thema austauschen und ins Gespräch kommen, anstatt bei Kuchen und Süßigkeiten im Teamraum über das Thema zu sprechen. Oder dass jemand anstelle des täglichen Kantinenessens im Betrieb sich zweimal in der Woche gesundes Essen von zu Hause mitbringt oder an der bewegten Teampause teilnimmt.

»Du wirst nicht immer motiviert sein,
daher musst du lernen, diszipliniert zu sein.«

Quotelia.com[13]

13 https://quotelia.com/de/du-wirst-nicht-immer-motiviert-sein-daher-musst-du-lernen-diszipliniert-zu-sein [letzter Aufruf: 21.05.2024].

Teil 3

Abb. 3: Komfortzone

An den Früchten werdet ihr sie erkennen … der Blick in die Zukunft!

Die Bibelstelle Mt 7,16–18, »An ihren Früchten werdet ihr sie erkennen«, ist eine Metapher, die betont, dass echte Fortschritte und Erfolge nicht allein durch »warme« Worte, durch Erklärungen, durch »wichtig daherschwätzen« erzielt werden können, sondern Tatkraft benötigen. **Disziplin ist dabei die Brücke zwischen dem Wollen und Machen, also dem Reden und Handeln.** Generell sollten wir daher Menschen im Alltag mehr an ihrem Handeln messen und sie nach ihren Ergebnissen einschätzen. Unser Leben, mehr noch, die ganze Welt ist ein Ort, der auf Ergebnissen basiert. Nach der schlichten Methode »wenn – dann«.

Das Streben nach Wissen, nach Fortschritt und Entwicklung, der Ausbau von Fähigkeiten und Kompetenzen, die Umsetzung von Plänen, Zielen, Träumen und gar Visionen sind essenziell, um nachhaltige Veränderungen herbeizuführen. Eine missverstandene Erziehung, die Kindern wenig zutraut, ihnen alles abnimmt, sie nicht mit zu meisternden Herausforderungen konfrontiert und ihnen stattdessen jeden Wunsch sofort erfüllt oder im negativen Fall sie zu sehr sich selbst überlässt, führt zu einem Mangel an Kompetenzen, fehlender Disziplin und Anstrengungsbereitschaft. Denn wie soll ein Kind oder Jugendlicher gegen Grenzen rebellieren, wenn er keine hat oder spürt?

Simon Luukscha (25), Street-Art-Künstler: Ob ich jeden Tag Lust habe, hier zu stehen? Nee. Aber, so what! Kein Jonglieren, kein Malen, keine Kohle. Warum ich hier stehe? Na, weil es Spaß macht, sein eigener Herr zu sein, und weil ich meinem alten Herrn, also meinem Vater, zeigen will, dass es geht. Er kann nicht verstehen, dass ich das Jura-Studium geschmissen habe, um erst einmal auf der Straße zu leben. Er verachtet mich dafür. Aber das stört mich nicht. Denn ich weiß, was ich will. Ich will was von der Welt sehen und schauen, was in mir steckt. Will allen zeigen, dass ich mein Leben so gestalten kann, wie ich will. Und zuerst will ich mich selbst spüren. Bei uns zu Hause war immer alles da, Essen, Kleidung, Kohle. Ich musste mich um nichts kümmern, und von mir wurde auch nichts verlangt, alles war da, griffbereit. Und wenn etwas fehlte, dann wurde es gekauft. Jetzt habe ich das krasse Gegenprogramm. Jetzt muss ich jeden Tag ran, aktiv werden, mich anstrengen und Leistung bringen, um mich zu ernähren und Geld zu generieren, denn in einem halben Jahr will ich nach Griechenland und dort leben. Das fühlt sich für mich gut an, denn ich bin ganz bei mir und weiß, für wen ich das hier gerade mache.

Viele junge Menschen »schwimmen« zurzeit durch das Leben, wissen nicht genau, was sie eigentlich wollen oder können, befinden sich in einer Lethargie, die sie in ihrem Tun und Handeln lähmt oder träge und bequem werden lässt. Denn alles ist da und verfügbar, es reicht, wenn sie »ihr Ding« machen. Denn andere sorgen schon dafür, dass sie gut durchkommen und bestehen. Andere, das sind in der Regel die Eltern, die mit viel Elan und Kraft ihre inzwischen fast 30-jährigen »Kinder« immer noch finanziell aushalten oder zumindest unterstützen, da diese nach langem Studium, etlichen Auslandsaufenthalten und Selbstfindungskursen noch immer nicht ganz genau wissen, wo für sie »die Reise« hingeht. Aber sie »arbeiten« daran und können sehr wortreich erzählen und begründen, warum sie was noch nicht getan haben bzw. was sie in der Zukunft bald tun werden.

Wortgewaltig sind sie, die Tatkraft fehlt jedoch sehr oft. Tijen Onaran ist seit Herbst 2023 Jurorin in der »Höhle der Löwen«. Zur Premiere ihrer Teilhabe an der Sendung gab die Jungunternehmerin ein Interview in FOCUS MONEY (Nr. 37, 2023) und brachte es dort sehr deutlich auf den Punkt: »**Es schmerzt mein unternehmerisches Herz, wenn ich diese satten selbstzufriedenen jungen Leute sehe.** [...] Das ganze Gerede von Sabbaticals und so, das kommt von einer Generation, die sich keine Gedanken darüber machen muss, wie sie über die Runden kommt. Die Wahlfreiheit, nur drei Tage die Woche zu arbeiten, kannst du ja nur haben, wenn du weißt, das Geld kommt sowieso im Zweifel von Eltern oder Großeltern.«[14] Wenn die erfolg-

14 https://www.focus.de/magazin/archiv/aufsteiger-die-drei-lehren-der-neuen-loewin_id_203774449.html [letzter Aufruf: 21.05.2024].

reiche Unternehmerin neue Mitarbeiter:innen sucht, zieht sie immer wieder Aufsteiger vor, »weil die einen anderen Leistungswillen haben, das ist für mich viel wert als Arbeitgeberin.« Sie findet klare Worte, will mit Sicherheit auch provozieren, und gleichwohl legt sie den Finger in die Wunde, die schon seit einigen Jahren in der Gesellschaft und vor allem in vielen Unternehmen spürbar ist, nämlich mangelnde Anstrengungs- und Leistungsbereitschaft.

Natürlich sind nicht alle jungen Menschen so, wie Tijen Onaran sie beschreibt, denn das wäre Schwarzmalerei. **Es gibt auch die anderen, die anpacken, loslegen, diszipliniert an ihren Zielen arbeiten und entsprechend Hand anlegen.** Sie sind bereit zu arbeiten, Leistung zu bringen, sich durchzubeißen. Einige haben dann auch schon mit dreißig Jahren ein Unternehmen aufgebaut, eine Familie gegründet oder sich in einem Beruf etabliert. Dies zeigt sich dann z. B. daran, dass sie sich Träume und Wünsche im Leben oder Job erfüllen konnten und z. B. als Unternehmerin, Speaker, Junior-CEO, Erzieherin, Mechatroniker, Gärtnerin, Softwareentwicklerin oder Gründer eines Start-ups arbeiten.

Alle sind fleißig, jeder auf seine Art!

Fleiß, auch so ein Begriff, der heutzutage oft negativ wahrgenommen wird, da er mit harter Anstrengung assoziiert wird – eine Vorstellung, die in einer Kultur, die das Entspannen hochhält, nicht immer beliebt ist. Ausdrücke wie »Chill doch mal« oder »Gönn dir« vermitteln den Eindruck, dass weniger Arbeit und mehr Freizeit erstrebenswert seien. Doch trotz dieser kulturellen Tendenz zeigt sich immer wieder, dass Fleiß durchaus seine Vorteile hat.

Nehmen wir das Beispiel von Sarah, einer jungen Softwareentwicklerin. Während viele ihrer Freunde die Wochenenden oft zum Ausspannen nutzten, verbrachte Sarah zusätzliche Stunden damit, an ihren Programmierfähigkeiten zu arbeiten und sich in neue Technologien einzuarbeiten. Ihre Investition in diese zusätzliche Lernzeit zahlte sich aus, als sie für ein prestigeträchtiges Projekt ausgewählt wurde, das nicht nur ihre Karriere voranbrachte, sondern auch zu einer bedeutenden Gehaltserhöhung führte. Sarahs Beispiel zeigt, dass Fleiß zu lohnenden Ergebnissen führen kann, die weit über das hinausgehen, was mit minimaler Anstrengung erreicht werden könnte. Daher brauchen wir den Fleiß. Er hilft uns, unsere Träume zu verwirklichen. Fleiß, Disziplin und die Bereitschaft zur Anstrengung sind wesentliche Triebkräfte für persönliche Entwicklung und Erfolg.

Wenn Kinder von klein auf lernen, was es bedeutet, fleißig zu sein, und sie diese Eigenschaft positiv wahrnehmen, sind sie als Erwachsene in der Lage, nahezu jedes Ziel zu erreichen, egal ob sie als Unternehmensleitung, Musiker, Gärtnerin, Sängerin oder Jongleur tätig sein möchten. Denn der Wille, etwas zu erreichen, ist eine mächtige innere Kraft.

Reflexionsfragen:

- Können Sie mit dieser letzten Aussage mitgehen? Wenn ja, warum? Wenn nein, warum nicht?
- Welche Beispiele würden Ihnen einfallen? Wie könnte man Kindern »fleißig sein« vorleben oder sie dazu anleiten?
- Was glauben Sie, warum wäre die Erfahrung von »fleißig sein« für Kinder wichtig und wertvoll?

Kinder brauchen von klein auf Liebe, Sicherheit, Schutz und Vertrauen, um sich gut entwickeln zu können.

Sie brauchen aber auch Anleitung, Disziplin und Herausforderungen, um vielfältige (Basis-)Kompetenzen entwickeln zu können, um selbstwirksam zu werden, Lernlust zu erfahren und sich in der komplexen Welt gut zurechtzufinden. Daher brauchen sie Erwachsene, die ihnen vorleben, **dass Anstrengungsbereitschaft, Fleiß, Selbstregulation und Disziplin keine alten maroden Worthülsen sind,** sondern wichtige Schlüsselkompetenzen, um nicht nur zu überleben, sondern das Leben nach den eigenen Wünschen und Vorstellungen gestalten zu können.

Influencerinnen und auch Youtuber suggerieren auf TikTok und Instagram leider genau das Gegenteil. Sie locken und verführen mit oberflächlichem Ruhm und kurzfristigen Erfolgen und täuschen den Kindern und Jugendlichen etwas vor, das es in der realen Welt leider so nicht gibt und sie so auch nicht bekommen werden: »**Erfolg, der vom Himmel fällt**«.

Erfolg ist leider (oder »Gott sei Dank«) nur über echte Leistung zu erreichen, indem man sich Ziele steckt, Kompetenzen erwirbt, fleißig ist, Herausforderungen und Misserfolgen standhält, scheitert, es noch einmal versucht, dranbleibt und über einen langen Zeitraum an einer Sache arbeitet, also Durchhaltevermögen zeigt. Das ist im Sport, im Beruf und auch bei Hobbys so und daher oft unbequem und vor allem nicht attraktiv. Aber es ist die Realität!

Wie gut, dass Kitas und auch Schulen sich in den letzten Jahren sehr um das Thema Medienkompetenz bemüht und sich zuerst im Team damit auseinandergesetzt haben, um dann mit Blick auf die Kinder zu überlegen, wie man ihnen schon ganz früh erklären und verdeutlichen kann, dass nicht alles der Wahrheit entspricht, was in den Medien kommuniziert und verbreitet wird. Dass Bilder, Filme und Inhalte gefälscht und manipuliert werden können, dass es eine Scheinwelt gibt.

Unserer Auffassung nach ist **Medienkompetenz eine weitere Schlüsselkompetenz für die Zukunft.** Denn neben dem kompetenten Bedienen und kreativen Nutzen von Medien muss Kindern vor allem aufgezeigt und erklärt werden, dass sie nicht alles glauben können und dürfen, was sie im Netz finden und sehen. Und ebenso brauchen sie Erwachsene, die mit ihnen darüber ins Gespräch kommen. **Denn Kinder und auch Jugendliche müssen lernen sich zu schützen, indem sie die Disziplin entwickeln, sich von Medien nicht abhängig zu machen.** Für viele ist es jetzt schon kaum aushaltbar, das Smartphone auch nur für ein oder zwei Stunden nicht zu nutzen oder es aus der Hand zu legen und auszuschalten. Es sind die Selbstdisziplin und die Selbstregulation, die sie jetzt und auch künftig vor der Sucht nach Onlinespielen, Social-Media-Traffic und Medienkonsum schützen wird. Daher sollten wir als Erwachsene alles dafür tun, diese Kompetenz bei den Kindern zu fördern.

Reflexionsfragen:

- Wie stehen Sie zu Medienkompetenz?
- Was verstehen Sie darunter und wie vermitteln oder würden Sie diese Kompetenz an Kinder und Jugendliche vermitteln?
- Welche Beispiele würden Ihnen einfallen, um Kindern zu verdeutlichen, dass nicht alles wahr und real ist, was ihnen in Filmen und über Bilder im Internet gezeigt wird?
- Was wäre Ihnen mit Blick auf Medienkompetenz in unserer Gesellschaft und im Zusammenleben mit Kindern wichtig?

Influencerin oder Erzieherin – ist das die Frage?!

Kinder und Jugendliche sollten dazu angeregt werden, die Rollen von Influencern und YouTuberinnen kritisch zu hinterfragen, denn sonst wird es immer schwieriger, sie für traditionelle Berufe zu begeistern. Die fortschreitende Digitalisierung und der Einsatz von Künstlicher Intelligenz werden voraussichtlich in den nächsten zehn Jahren viele Berufe verändern oder überflüssig machen, wie sich bereits in massiven Umstrukturierungen verschiedener Branchen zeigt. Ein markantes Beispiel hierfür ist das Bankwesen in Deutschland, wo seit dem Jahr 2000 jede vierte Bankfiliale geschlossen wurde – insgesamt mehr als 10.000 Standorte, was zum Verlust vieler Arbeitsplätze führte. Laut Studien und Prognosen sind in den nächsten Jahren vor allem jene Berufe betroffen, die in ihrer aktuellen Form nicht mehr benötigt werden oder die leicht durch Algorithmen ersetzbar sind.

Berufe, die hohe Empathiefähigkeiten erfordern, wie Erzieher, Lehrerin, Kranken- und Altenpfleger, Therapeutin, Sozialarbeiter oder Kindheitspädagogin, sind jedoch wegen der Komplexität und Individualität ihrer Aufgaben weniger leicht durch Maschinen ersetzbar. Ähnliches gilt für Handwerksberufe wie Fliesenlegerin, Dachdecker, Bootsbauerin oder Tischler, die auf manuelles Geschick und das Erfahrungswissen der Menschen angewiesen sind. Diese Berufe werden auch in Zukunft nicht einfach durch Technologie ersetzt werden können.

Es ist daher wichtig, dass wir solche Berufe für Kinder und Jugendliche attraktiv darstellen und ihnen die Bedeutung und den Wert von handwerklichem Können und sozialer Kompetenz näherbringen. Wir sollten ihnen vermitteln, wie bereichernd und wertvoll es sein kann, ein Handwerk zu beherrschen oder ausgeprägte Fähigkeiten im Umgang mit Menschen zu haben.

Reflexionsfragen:

- Wie denken Sie über diese Aussagen?
- Was meinen Sie, welche Entwicklungen die fortschreitende Digitalisierung und vor allem KI mit sich bringen werden?
- Inwieweit haben Sie das in Ihrer Kita/Schule/Ihrem Unternehmen schon diskutiert? Und welche Schlüsse haben Sie daraus gezogen?

Es ist essenziell, dass Kinder und Jugendliche ermutigt werden, ihre Interessen zu erkunden und Fähigkeiten zu entwickeln, die es ihnen ermöglichen, aktiv positive Veränderungen in der Welt zu bewirken. Politische Entscheidungsträger können dazu beitragen, indem sie mehr Ressourcen in die Bildung investieren und eine Umgebung schaffen, die Lernen und Bildung in den Vordergrund rückt. Zudem können Gesellschaft und insbesondere Eltern sowie pädagogische Fach- und Lehrkräfte einen wertvollen Beitrag leisten, indem sie ein Lernen fördern, das auf Ko-Konstruktion, Selbstbestimmung, Sinnhaftigkeit und Eigenwirksamkeit basiert, anstatt lediglich oberflächliche Werte zu verherrlichen. **Letztlich tragen nicht nur Eltern und Bildungsfachleute, sondern alle politischen Kräfte die Verantwortung dafür, jungen Menschen die notwendigen Werkzeuge und Unterstützung anzubieten, damit sie ihre wahren Potenziale entdecken und entfalten können.**

Gut geplant ist halb gewonnen – Ziele sind wichtig

»Wir gehen es an« – dieser Aufruf zum Handeln betont die Wichtigkeit von guter Planung als entscheidendem Schritt auf dem Weg zum Erfolg. Ein kluger Plan legt den Grundstein für das Gelingen eines Unterfangens. Dabei gilt: »Gut geplant ist halb gewonnen.« **Eine sorgfältige Planung ermöglicht es, potenzielle Hindernisse und Herausforderungen frühzeitig zu erkennen und anzugehen.** Eine disziplinierte und vor allem strukturierte Herangehensweise schafft Klarheit und Orientierung, was den Weg zur Zielerreichung ebnen kann.

Viele Kinder und auch Jugendliche stehen vor der Herausforderung, nicht zu wissen, wie sie systematisch an eine Aufgabe herangehen sollen. Das Erstellen und Befolgen von Plänen für Hausaufgaben, das Üben einer Fähigkeit oder die Vorbereitung auf eine Prüfung könnten ein erster Schritt sein ihnen zu helfen, ihre Leistung zu verbessern und Fortschritte zu visualisieren. Solche Pläne dienen dann als Leitfaden zum Erfolg.

Ein Beispiel: Eine Lehrerin könnte den Schülern beibringen, wie sie für ein großes Mathematikprojekt einen Plan erstellen. Die Schüler könnten lernen, eine Checkliste der erforderlichen Schritte zu erstellen, beginnend mit der Überprüfung der Grundkonzepte bis hin zur Lösung komplexerer Übungsaufgaben. Durch die schrittweise Abarbeitung dieser Liste könnten die Schüler ihren Fortschritt leichter verfolgen und die erlernten Methoden später in der Ausbildung, im Studium oder im Alltagsleben anwenden.

Darüber hinaus erlernen Kinder durch unterstützende Methoden – seien es Mindmapping, ABC-Listen oder Checklisten – wertvolle Strategien, die ihnen in vielen Lebensbereichen dienen. Eine Lernumgebung, die Fehler zulässt, sowie Ermutigung und kreative Pausen können sowohl im Kindergarten und in der Schule als auch während der Ausbildung oder im Studium dazu beitragen, Lernen und planvolles Handeln positiv zu gestalten. Solch eine disziplinierte

Herangehensweise wird dann zu einer Lebenskompetenz, die sie in der Schule, im Berufsleben und darüber hinaus einsetzen können, um Herausforderungen systematisch anzugehen und ihre Ziele zu erreichen. In einer unterstützenden Lernumgebung, die Disziplin fördert, erleben Kinder, wie ihre Bemühungen Früchte tragen, was wiederum ihre Motivation und ihr Selbstvertrauen stärkt.

Kreative Schaffenspausen als Energiespender nutzen lernen

Neben der Anstrengung und dem disziplinierten Vorgehen bedarf es gleichzeitig auch der Schaffenspausen, denn ohne kreative Inspiration und freies Denken kann auch die Umsetzung von Plänen oft nicht ihre volle Blüte entfalten. Denn die Phasen der Leistungserbringung und Anstrengung sind notwendig, um die Pläne in die Tat umzusetzen, während die Schaffenspausen für Erholung, Regeneration und frische Ideen sorgen und die Arbeit oder Projekte auf ein neues Level heben können. Und so hat es sich schon seit Längerem bereits **in der Grundschule bewährt, kinesiologische Übungen oder kleine Bewegungseinheiten während einer Unterrichtsstunde einzubauen, um die Konzentrationsspanne zu halten bzw. neu aufzubauen und gleichzeitig für Erholung und Regeneration zu sorgen.** Dass alle danach gleich viel disziplinierter und entspannter weiterarbeiten können, versteht sich fast von selbst. Genauso ergeht es ja auch den Erwachsenen an ihrem Arbeitsplatz, wenn sie kurze Vitalpausen oder Dehnübungen einplanen.

Um Großes zu leisten, braucht es sowohl geplante Anstrengung als auch Momente der Stille, Pausen der Regeneration, gar Muße. Diese Balance ist entscheidend. Ein Beispiel aus der Geschichte ist der Erfinder Thomas Edison, der unzählige Stunden diszipliniert arbeitete, um seine Ideen zu verwirklichen, aber auch berühmt dafür war, dass er sich bewusst Ruhezeiten und Momente der Entspannung gönnte, um seine Kreativität zu fördern.

In einer arbeitsintensiven Gesellschaft mag es verlockend sein, die Phase der Muße oder des Müßiggangs zu vernachlässigen. Doch das wäre ein Fehler. Denn **wenn keine Zeit mehr für Muße bleibt, ist auch kein Raum mehr für freies Denken, für unkonventionelle Ideen und für den Funken der Inspiration.** Die Fähigkeit, anders zu denken und Neues zu schaffen, ist von unschätzbarem Wert für Innovation und Fortschritt.

Der Mensch, egal ob Kind, Jugendlicher oder Erwachsener, braucht also beides: das disziplinierte, strukturierte, angeleitete Arbeiten oder Lernen in der Gruppe, das klare Ziele setzt und einen Rahmen schafft, und die freie Zeit, die Raum für kreatives Denken, Entspannung und geistige Erholung bietet. Eine gute Gruppendynamik und kollektives Arbeiten können auch dazu beitragen, unterschiedliche Perspektiven und Ideen zu fördern. Gleichzeitig sollten individuelle Freiräume geschaffen werden, um die Kreativität aufblühen zu lassen.

Diese Balance zwischen geplanter Anstrengung und Momenten der Muße kann dazu beitragen, nicht nur produktiv zu sein, sondern auch wirkliche Innovation und kreative Durchbrüche zu erleben. Es ist eine Erinnerung daran, dass wahres Wachstum und Fortschritt sowohl strukturierte Anstrengung als auch die Freiheit der Inspiration erfordern.

Reflexionsfragen:

- Können Sie sich an Ihren letzten kreativen Prozess erinnern? Wenn ja, gab es da Phasen von Schaffenskraft und Schaffenspause?
- Wie kann solch ein Phasenwechsel auch im Alltag mit Kindern und Jugendlichen bewusst gelebt und gestaltet werden?
- Was glauben Sie, wie ließe sich die Wichtigkeit beider Phasen vermitteln?
- Und welche Funktion hat bei solchen Prozessen die Disziplin?

Übung macht den Meister

Kleinteiliges, intensives und repetitives Üben mag auf den ersten Blick unattraktiv erscheinen, und das Wort »Übung« mag bei vielen eine negative Konnotation haben. Doch in Wirklichkeit birgt diese Art des Trainings eine bedeutende Zukunftschance.

Denn **»Übung macht den Meister«.** Diese alte Aussage ist mehr als nur ein Sprichwort. Sie reflektiert die Tatsache, dass wahre Meisterschaft in jedem Bereich durch kontinuierliche und konzentrierte Anstrengung erreicht wird. Dieser Ansatz wird auch in der Musikwelt deutlich, wo Virtuosen wie der Geiger Niccolò Paganini oder der Pianist Franz Liszt Stunden um Stunden in das Wiederholen von technischen Übungen investierten, um die anspruchsvollsten Stücke perfekt interpretieren zu können. Wie der Autor Malcolm Gladwell in seinem Buch »Outliers« betont, benötigt es etwa 10.000 Stunden gezielten Übens, um auf höchstem Niveau zu agieren (Gladwell 2009, S. 35).

Die positive Wirkung des Übens wird auch besonders deutlich im Sport, exemplarisch dargestellt am Tennisspieler Roger Federer. Seine präzisen Schläge und seine Anmut auf dem Tennisplatz sind das Ergebnis unermüdlicher Trainingsstunden, in denen er jeden Aspekt seines Spiels verfeinert hat. Federers Erfolg unterstreicht, wie ausdauernde Hingabe zu dauerhafter Spitzenleistung führen kann. Ein vergleichbares Prinzip findet sich auch in der Kunst: Leonardo da Vinci etwa studierte die menschliche Anatomie mit großer Sorgfalt, um seine realistischen und lebendigen Meisterwerke zu erschaffen. Beide Beispiele zeigen, wie kontinuierliches Üben und tiefe Leidenschaft es ermöglichen, außergewöhnliche Fähigkeiten zu entwickeln und Meisterschaft in einem Feld zu erreichen.

Helena Brunello (36), Pianistin: Als Kind habe ich es oft gehasst und nur selten geliebt, das Üben. Immer und immer wieder die gleichen Stücke, stundenlang, bis die Finger scheinbar wie von selbst auf den Tasten hin und her flogen. Die anderen Kinder spielten im Garten oder auf der Straße vor dem Haus, ich drinnen auf dem Klavier. Die anderen Kinder machten Hausaufgaben und spielten dann Tick-Fangen oder mit Puppen und Autos, ich machte Hausaufgaben und spielte dann Klavier. Üben, üben und nochmals üben – so lange, bis die Finger ihren Weg allein über die Tasten fanden. Nach einigen Jahren wurde es besser, da war es schon längst zur Routine geworden, gab Sicherheit und machte sogar Spaß. Und dann, als ich erwachsen war und meine ersten Konzerte gab und Erfolge hatte, da erschien es für alle so leicht, mein Spiel, mein Erfolg. Aber das war es nicht – mein Erfolg setzte sich aus Entbehrungen, Frustrationen, Scheitern, Tränen und ganz, ganz viel Üben zusammen. Udo Jürgens hat mich mit seinen Liedern in vielen Phasen meines Lebens begleitet. Mit seinem Lied »Nur die Sieger steh'n im Licht« drückt er genau das aus, was jeder von uns Musikern macht: sich seinen Ängsten stellen, an seine Wünsche und Träume glauben, die Nörgler zum Teufel jagen, das Zweifeln beiseiteschieben und sich alles trauen. Und dafür braucht es Mut und vor allem Disziplin.

Das Üben: eine Zukunftskompetenz?

Die Zukunftschance beim Üben liegt vielleicht darin, dass diejenigen, die bereit sind, sich der routinierten, täglichen »Übung« hinzugeben, in der Lage sein werden, über sich hinaus zu wachsen – exzellent zu werden. **In unserer Welt, in der schnelle Belohnungen und oberflächlicher Erfolg oft glorifiziert werden, kann das beharrliche und intensive Üben erst einmal belächelt werden und stellt wahrscheinlich viele vor eine große Herausforderung, denn es ist unattraktiv.** Gute Qualität fällt jedoch nicht vom Himmel. Denn gut wird jemand erst dann, wenn er bereit ist, sich weiterzuentwickeln, besser zu werden in dem oder mit dem, was er tut, und das braucht Übung. Dieses Prinzip findet auch in der Wissenschaft Anwendung, wo bedeutende Entdeckungen oft durch jahrelange akribische Forschungsarbeit erzielt werden. Die berühmte Naturwissenschaftlerin und zweifache Nobelpreisträgerin Marie Curie ist nur ein gutes Beispiel dafür.

Die Kinder, Jugendlichen und Erwachsenen, die sich somit der Kunst des kleinteiligen Übens verschreiben, können nicht nur spezifische Fertig- und Fähigkeiten erwerben, sondern entwickeln auch neue Denkweisen, die auf Ausdauer, Geduld und Wachstum ausgerichtet sind. Und solch ein Denken führt zum Handeln, das dazu beiträgt, die eigene Selbstwirksamkeit zu steigern und die Angst vor Herausforderungen zu reduzieren. Und wer weiß schon, was uns in der Zukunft noch alles an Herausforderungen erwartet?

Letztendlich kann dieses konzentrierte Üben jedoch vor allem zu einem tieferen Verständnis und einer tiefen Verbundenheit mit dem eigenen Tun führen. In einer Zeit, in der die Welt immer komplexer wird und echte Kompetenz und Tiefe oft fehlen, könnte die Rückbesinnung auf die Kraft des intensiven Übens eine erfrischende Wendung bedeuten. Es erinnert uns daran, dass wahre Erfolge und Meisterschaft nicht durch Zufall oder vom Glück bestimmt, sondern durch bewusste, wiederholte Anstrengung erlangt werden. Das **Üben bringt uns stark mit uns selbst, unseren Fähig- und Fertigkeiten sowie auch unserem Willen, unserer inneren Kraft und Macht in Berührung.** Der Sport ist dafür auch ein gutes Beispiel.

Vom (Leistungs-)Sport lernen?! – Geht das?

Darja Varfolomeev hat zum Auftakt der Weltmeisterschaften der Rhythmischen Sportgymnastik in Valencia im August 2023 gleich zwei Goldmedaillen an einem Tag gewonnen. Dank ihrer makellosen Übung setzte sich die 16 Jahre alte Schülerin zunächst mit dem Reifen durch und gewann kurze Zeit später auch das Finale mit dem Ball. **Für die fünffache deutsche Meisterin aus Schmiden war es nach Rang eins im Keulenfinale bei den letzten Welttitelkämpfen 2013 in Sofia bereits das zweite und dritte WM-Gold ihrer Laufbahn.** »Erstaunlich«, sagen die einen, »Was für eine Ausnahmeathletin!«, sagen die anderen, und wir sagen: Hochachtung vor dieser Disziplin, dem Ehrgeiz und der Anstrengungsbereitschaft, täglich 5 Stunden und mehr zu üben. Natürlich neben der Schule und den anderen Verpflichtungen einer Sechzehnjährigen. Gekommen ist sie übrigens mit zwölf Jahren allein aus Russland, um im Sportinternat in Deutschland zu leben und zu trainieren. Denn Übung macht die Meisterin!

Das bestätigt auch Christiane Praedel, leitende Landestrainerin in Niedersachsen für den Fachbereich Tischtennis. Auch sie ist eine Meisterin ihres Faches, gewann bei den deutschen Meisterschaften in Rostock 1992 den Titel im Dameneinzel. In ihrer Karriere nahm sie an mehreren Europa- und Weltmeisterschaften teil **und spielte zwölf Jahre in der ersten Bundesliga beim TuS Glane und gewann unter anderem im Jahr 1993 den ETTU-Nancy-Evans-Cup.** Was sie von Darja Varfolomeev unterscheidet: Sie kam nicht aus Russland, sondern aus einem kleinen Dorf in Niedersachsen. Was beide verbindet: die unbändige Leidenschaft zu ihrem Sport, die Anstrengungs- und Leistungsbereitschaft und die Disziplin. Heute ist Christiane Praedel über fünfzig Jahre alt und arbeitet schon lange als Landestrainerin beim Tischtennisverband Niedersachsen und betreute zudem über viele Jahre die Bundeskaderathleten am Bundesstützpunkt in Niedersachsen.

Wenn sie ein Kind beobachtet, schaut sie mit den Augen der Leistungssportlerin, die sie einst selbst war. Sie beobachtet die ihr anvertrauten Kinder im Training sehr genau und intensiv, achtet auf aufkeimende Talente und erwachende Potenziale, sucht nach Ansätzen, die aufzeigen: Hier ist einer oder eine, der oder die »wachsen« will, auch über sich hinaus.

Sie hält Ausschau nach Kämpferinnen und Kämpfern, die bereit sind, mehr zu geben als andere. Wenn man ihr zuhört, wie sie über das Training und Zusammensein mit den Kindern am Bundesstützpunkt spricht, könnte man glauben, man taucht in eine andere Welt ein. Denn wenn sie spricht, leuchten ihre Augen. Sie berichtet von Engagiertheit, von Anstrengungsbereitschaft, von Kindern, die »Biss haben«, freiwillig fünfmal die Woche ins Training kommen, traurig sind, wenn sie nicht kommen dürfen, weil eine Krankheit sie ans Bett fesselt oder eine Arbeit in der Schule ansteht. Natürlich wollen sie auch in der Schule gute Leistungen bringen, denn der Sport lehrt sie, dass sich Übung und Engagiertheit auszahlen. **Und sie lernen früh, gut hin- und zuzuhören, obwohl das Feedback, das sie bekommen, nicht immer positiv ist.**

Der Ton ist manchmal sogar rau, die Wortwahl für Außenstehende oft einschüchternd. Nicht so für die Kinder. Sie hören zu, suchen Blickkontakt, nicken, fragen nach, was sie wie noch besser machen können. Und dann üben sie. 500, 600, 700 Mal den gleichen Aufschlag, die gleiche Abfolge von Bewegungsabläufen. Klingt langweilig? Ist es auch. Klingt anstrengend? Auch das ist der Fall. Ist sehr zermürbend? Auch das stimmt – und dennoch wird es gemacht, mehr noch, es wird zelebriert, und das Tag für Tag, Woche für Woche, Monat für Monat. Denn die Beharrlichkeit ist das entscheidende Kriterium, um diese Monotonie der Bewegungsabläufe zu ertragen, mehr noch, sie zu perfektionieren. Und wenn dann das Lob, die Ermutigung, der »Daumen hoch« kommt, strahlen sie. Äußerlich wie innerlich.

Nun gut, nicht jedes Kind muss ein Leistungssportler, eine Leistungssportlerin werden, wie Darja Varfolomeev oder Christiane Praedel oder die Schüler:innen, die sie in ihrem Bundesstützpunkt betreut. **Was jedoch jedes Kind gebrauchen kann, sind ehrliches Feedback und Wertschätzung für die erbrachte Leistung, ohne**

diese zu glorifizieren, so Christiane Praedel. »Und wenn ein Satz oder gar ein Spiel verloren wurde, dann ist man der Verlierer und nicht der zweite Gewinner. Punkt! Ich glaube, das fehlt heute«, so die Landestrainerin. »**Der Mut, Kindern zu sagen, das reicht noch nicht, und die Betonung liegt auf dem *noch nicht*, denn es macht dem Kind deutlich, du kannst mehr, wenn du dich anstrengst.** Und diesen Glauben an das Kind, dass da noch viel mehr geht, den wecken und fördern wir, den ›gießen wir‹ wie den Samen bei einer Pflanze, auf dass sie wächst und aufblüht. Ich glaube, das können Pädagogen und auch Eltern vom Leistungssport lernen. Mehr noch. Bei uns scheitern Kinder, indem sie Sätze und auch ganze Spiele verlieren. Ja, das tun sie. Und ja, es fließen dann auch Tränen, und ja, einige werden auch wütend oder aggressiv, schmeißen ihren Schläger durch die Halle oder schreien. Aber so ist das, so ist das Leben. Einer gewinnt, und ein anderer verliert. Das ist ein hartes, aber wichtiges Training im wahrsten Sinne des Wortes, eine wichtige Übung für das spätere Leben und nicht nur im sportlichen Bereich. **Denn Niederlagen und Schicksalsschläge werden jeden Menschen irgendwann treffen. Niemand gewinnt immer.** Wenn unsere Kinder jedoch früh lernen damit umzugehen, sind sie gut gerüstet für das, was im Leben noch kommt.

Und außerdem hilft der Sport auch für das außersportliche Leben in Schule und im späteren Beruf. **Unsere Kinder lernen schon früh, dass es wichtig ist, sich anzustrengen. Dass man Leistung abrufen kann, dass Fleiß sich auszahlt und Disziplin dabei hilft, erfolgreich zu sein.** Dass hinter jedem Sieg viel Anstrengung, Fleiß, Tränen und vor allem Übung steckt und dass man im Wettkampf, beim Spiel, im Beruf und auch im ganz normalen Leben nichts geschenkt bekommt. Ich denke, das sind wichtige Erfahrungen. Kinder, denen immer alles aus dem Weg geräumt wird, werden nie oder erst sehr spät, manchmal zu spät, erfahren, dass sie es selbst sind, die für sich und ihr Handeln und damit auch ihren Erfolg oder auch Misserfolg verantwortlich sind. Eigenverantwortliches Handeln, das ist meiner Meinung nach das, was alle Kinder wie Jugendlichen schon früh lernen sollten, damit sie dann als Erwachsene bestehen können, ob sie nun Sportlerinnen, Musiker, Tischlerinnen, Lehrer, Bauarbeiterinnen oder Mediziner werden.«

Reflexionsfragen:

- Was geht Ihnen durch den Kopf, nachdem Sie die Aussagen der Landestrainerin gelesen haben?
- Wo sehen Sie Parallelen, wenn Sie an Erziehung und (Leistungs-) Sport denken, sehen Sie überhaupt Parallelen?
- Was glauben Sie, macht es Sinn, dass Kinder schon früh in einen Sportverein gehen bzw. Sport im Verein trainieren?
- Kann Leistungssport auch negative Auswirkungen haben?

Ruth Jakob (71), Rentnerin und Oma von zwei Enkelkindern: Mir tut meine Schwiegertochter manchmal ganz schön leid. Sie will einen guten Job in der Firma machen, eine perfekte Mutter sein und meinem Sohn eine tolle Frau. Doch wie soll das gelingen? Auch müssen die Kinder perfekt sein. Daher schaut sie sich auf YouTube Erziehungsfilme an und liest Bücher über Kindererziehung. Ich darf zur Erziehung der Kinder gar nichts sagen, denn dann wird sie wütend. Wieso stressen sich die jungen Mütter dermaßen? Und warum ist die Intuition nicht mehr wichtig? Das normale Maß zwischen Strenge und Herzlichkeit. Warum hören die Mütter heute nicht mehr auf ihr Bauchgefühl? Und warum trauen sie sich nicht, ihren Kindern »Nein« zu sagen oder »Jetzt ist Schluss!« oder »Nee, das kannst du besser, mach das noch mal!«?

Ehrliches Feedback lässt Kinder wachsen

Wenn Sportler von ihrer Trainerin ehrliches und sehr deutliches, also konkretes Feedback hinsichtlich ihrer Leistungen bekommen, müssen sie am Anfang häufig erst lernen, damit umzugehen, denn es ist nicht immer positiv. **»Wir achten immer darauf, dass das Feedback altersentsprechend und niemals destruktiv oder gar beschämend ist, sondern vielmehr ermutigend und zielorientiert«**, so Christine Praedel. »Mir ist jedoch wichtig, dass die Kinder wissen, hier wird nicht ›bravo, klasse, toll‹ gesagt, wenn die Leistung nicht bravo, klasse oder toll war. Die Kinder sollen vielmehr die Möglichkeit bekommen, an sich selbst zu wachsen, damit sie sich eigene Ziele setzen und vor allen Dingen diese Ziele dann auch erreichen.«

»**Wenn mir jemand sehr konkret sagt, was ich noch nicht gut kann, habe ich als Kind auch die Möglichkeiten, genau an diesen konkreten Sachen zu arbeiten, die Fertigkeit zu üben und zu trainieren, auf dass ich besser werde.** Egal ob im Sport, in der Schule oder beim Hobby in der Freizeit. Das spornt Kinder an. Deswegen kommen sie auch gerne zu uns ins Training und achten darauf, keine Trainingsstunde zu verpassen. Sie spüren, da ist jemand, der glaubt an mich, der gibt mir echte Rückmeldung zu meiner Leistung, der sieht, wenn ich etwas nicht gut mache, und sagt es mir dann auch, der sieht jedoch auch meine Entwicklung, dass mir heute etwas gelingt, was vor drei Wochen so noch nicht möglich war, und sagt es mir dann auch. Das spornt an, macht Lust auf mehr.« Hört man Christiane Praedel zu, wenn sie von ihrer Arbeit berichtet, entdeckt man, was wir auch in Kitas und Schulen bei Kindern fördern sollten, die Anstrengungsbereitschaft. Denn für die Zukunft unseres Landes brauchen wir Menschen, die Lust auf mehr haben, die Lust haben, sich anzustrengen, die Lust haben, an sich zu arbeiten, die Lust haben, Ziele zu erreichen, die Lust haben, die Welt ein bisschen besser zu machen.

Die Selbstdisziplin – der Schlüssel für alles?!

Wenn wir Selbstdisziplin fördern, indem wir Leistung einfordern und Kinder dabei unterstützen, über sich hinaus zu wachsen, indem sie z. B. eine Niederlage oder ein Scheitern aushalten lernen, helfen wir ihnen, sich für die Zukunft gut aufzustellen. Denn jedes Scheitern ist immer auch eine kleine Krise, die es zu meistern gilt. Die einen nennen es Widerstandsfähigkeit (Resilienz) entwickeln, die anderen Frustrationstoleranz und Inhibition bzw. Verhaltensregulation lernen. Denn wir alle durchleben einige Krisen im Laufe unseres Lebens und müssen uns daran gewöhnen, ohne sie als lebensbedrohlich oder als etwas Negatives anzusehen.

Krisen und Lernprozesse, Herausforderungen und Probleme, Konflikte und Wettkampf gehören zum Leben und auch Überleben dazu. Umso besser, wer gut darauf vorbereitet ist. Für den renommierten Psychoanalytiker Erik Erikson sind Krisen »notwendige Prozesse«, die Evolution und Veränderung antreiben und uns Menschen erlauben bzw. helfen, herausfordernde Situationen zu meistern, damit wir uns weiterentwickeln, ändern, wachsen und mehr über uns lernen können. Niederlagen im Sport, die Absage bei einer Bewerbung oder schon das erste Rausgeworfen-Werden beim Brennball oder Mensch-ärgere-dich-nicht-Spiel sind dafür einige Beispiele. Denn jede Entwicklungsphase steht laut Erikson für ein bestimmtes Entwicklungsthema, das zunächst zu einer »Krise« führt, die uns vor neue Aufgaben und Herausforderungen stellt, die es zu bewältigen gilt.

Wenn Eltern und auch pädagogische Fachkräfte den Kindern durch falschverstandene Liebe oder Erziehungsstile solche »Mini-Krisen« wegnehmen, sie somit um die wichtigen und wertvollen Erfahrungswerte einer Niederlage bringen, erziehen sie sie zu unmündigen Menschen, die an jeder kleinen oder auch größeren Herausforderung, also Krise, wahrscheinlich scheitern und sich dadurch permanent überfordert fühlen. **Das Leben mit seiner Unplanbarkeit und seinen Risiken wird dann zu einer großen nebulösen Bedrohung.** Denn laut Erikson kommt nach jeder gemeisterten Krise die nächste, um diese dann erneut zu bewältigen, auf dass wir uns weiterentwickeln können. Und so folgt die nächste Entwicklungsphase, die eine nächste Krise bzw. Herausforderung bereithält. Ein fortwährender Kreislauf bis zum Ende unseres Lebens.

Spätestens jetzt stellt sich die Frage: Was können wir als Erwachsene, als Eltern, pädagogische Fach- oder Lehrkräfte, als Sozialarbeiter oder Ausbilderinnen tun, um die Kinder beim Erwerb von Disziplin, Selbstdisziplin, Selbstregulation und vor allem Leistungsbereitschaft zu unterstützen?

Unserer Meinung nach müssten wir zuallererst bei uns selbst anfangen, indem wir als verantwortliche Erwachsene den Mut entwickeln

- Leistungen bei Kindern konkret einzufordern;
- Kinder in herausfordernden Situationen konkret zu ermutigen, ohne ihnen die Verantwortung für ihr Handeln abzunehmen, nach dem Motto »Du kannst das, du schaffst das, … versuch es noch mal«;
- Kindern ehrliche Rückmeldungen zu geben: »Das war noch nicht gut«, »Du kannst das besser«, »Das ist dir gut gelungen«;
- Kinder zu loben, mit Blick auf ihre Person, wie z. B. »Ich habe gesehen, wie sehr du dich angestrengt hast« oder »Ich habe gespürt,

wie anstrengend das für dich war, und freue mich sehr, dass du bis zum Schluss durchgehalten hast«;
- Kindern ehrlich zu sagen »Ich brauche dich jetzt – hilf mir bitte«, »Das ist deine Aufgabe«, »Ich erwarte, dass du dich an deine Zusage/unsere Absprache hältst«;
- konsequent zu sein: »Nein, das geht jetzt nicht«, »Nein, ich erwarte von dir, dass du das zu Ende bringst«, »Ja, auch wenn es dir keinen Spaß mehr macht, die Aufgabe ist jedoch noch nicht fertig«;
- Grenzen zu setzen: »Ich möchte das nicht, es stört mich, wenn du das machst, hör bitte auf damit«;
- Kinder »dosiert scheitern zu lassen«, ohne dass sie als Mensch scheitern.

Ja! Es ist wichtig, Kinder dosiert scheitern zu lassen, um ihnen wichtige Lektionen über Resilienz und Selbstwirksamkeit zu vermitteln, und damit sie lernen, Strategien zu entwickeln, wie sie mit diesem Scheitern umgehen können. Wenn Kinder die Erfahrung machen, bei einem (Gesellschafts-)Spiel nicht immer zu gewinnen oder bei alltäglichen Aufgaben auch mal Fehler zu machen, lernen sie, mit Enttäuschungen umzugehen.

Indem man Kinder nicht immer gewinnen lässt, etwa beim Spielen, verstehen sie, dass Verlieren ein natürlicher Teil des Lebens und des Lernprozesses ist. Sie entwickeln die Fähigkeit, mit Frustration umzugehen und Motivation aus ihren Niederlagen zu schöpfen anstatt aufzugeben. Dies stärkt ihre psychische Widerstandsfähigkeit (Resilienz) und bereitet sie darauf vor, Herausforderungen im weiteren Leben selbstbewusst zu begegnen. Wichtig ist jedoch bei allem dosierten Scheitern, dass sie auf der anderen Seite auch genauso viele Glücks- und Erfolgsmomente haben oder für ihren Mut, noch einmal von vorn zu beginnen, auch wertgeschätzt und ermutigt werden.

Auch die Beteiligung an Haushaltsaufgaben, auch wenn das Risiko besteht, dass etwas schiefgeht, wie etwa das Herunterfallen eines Tellers, ist wichtig. Derartige Erfahrungen lehren Kinder, Verantwortung für das eigene Handeln zu übernehmen und aus den vermeintlichen Fehlern zu lernen. Sie lernen so, die Konsequenzen ihrer Handlungen zu akzeptieren, und verstehen, dass Fehler Gelegenheiten sind, um praktische Fähigkeiten zu verbessern und künftig sorgfältiger zu sein.

Solche Erfahrungen helfen Kindern zu erkennen, dass Perfektion nicht immer möglich oder notwendig ist und dass sowohl Erfolg als auch Misserfolg wertvolle Bestandteile des Wachstumsprozesses sind. Dies fördert ein gesundes Selbstbild und die Fähigkeit, unabhängig und kompetent zu handeln.

Um diese Erfahrungen zu machen, brauchen Kinder jedoch Fehlerfreundlichkeit, also eine lernfördernde Fehlerkultur, in der es in Ordnung ist, Fehler zu machen, und in der es kein Problem ist zu scheitern, damit sie daraus lernen und wachsen können.

Gute reflexive Fragen, die Erwachsene Schulkindern und Jugendlichen im begleitenden Prozess stellen könnten, wären z. B.:

- Was hast du heute, an diesem Tag, bei dieser Aufgabe versucht zu erreichen?
- Was hast du dich heute, in dieser Woche, gestern Nachmittag getraut auszuprobieren?
- Was hat heute, in dieser Woche, gestern nicht funktioniert, woran bist du gescheitert und warum?
- Was könntest du mit Blick auf die gleiche Sache beim nächsten Mal anders oder besser machen?
- Was hast du durch dein Versuchen oder Scheitern oder dein erfolgreiches Meistern der Aufgabe/der Herausforderung/der Übung dazugelernt?

Welche guten und klugen Fragen würden Ihnen noch einfallen? Ergänzen Sie gern die Auflistung.

»Was die Jugend braucht, ist Disziplin und ein voller Bücherschrank.«
(Vivienne Westwood)[15]

15 https://gutezitate.com/autor/vivienne-westwood [letzter Aufruf: 25.05.2024].

Disziplin als Helfer im Prozess. Auf zu neuen Ufern

Der Mensch ist von Natur aus ein Gewohnheitstier. Gewohnheiten prägen unser tägliches Leben und beeinflussen, wie wir denken, fühlen und handeln. Gewohnheiten machen unser Leben jedoch auch einfacher und ermöglichen für bestimmte Tätigkeiten Automatismen, sodass wir uns Zeit, Kraft und Energie dadurch sparen, dass wir nicht immer wieder aufs Neue über bestimmte Handlungen oder Tätigkeiten, gar Prozesse nachdenken müssen.

Ein Gedankenexperiment:

Stellen Sie sich vor, Sie sind ein geübter Autofahrer und müssten spontan los, um noch etwas für das Abendessen zu besorgen. Sie setzen sich in Ihr Auto und …

Ja, richtig, Sie fahren wahrscheinlich einfach los. Doch stellen Sie sich vor, Sie müssten vor dem Losfahren jedes Mal bewusst jede Handlung in ihrer korrekten Abfolge visualisieren und abrufen, bevor Sie sie tatsächlich durchführen. Überlegen Sie, was alles bedacht werden muss: das Anlegen des Sicherheitsgurtes, das Drehen des Zündschlüssels, das Kontrollieren der Umgebung über die Schulter oder im Rückspiegel, das Einlegen des richtigen Ganges sowie das Zusammenspiel von Händen und Füßen beim Kuppeln und Beschleunigen. Eine Vielzahl von Handgriffen und Bewegungsabläufen ist erforderlich, um das Fahrzeug in Bewegung zu setzen.

Wie gut, unkompliziert und vor allem zeit- und energiesparend ist es da, dass Sie an all diese Handlungen keine Gedanken verschwenden müssen, da Ihr Gehirn bzw. Ihr Köper all die Handgriffe und Reihenfolgen scheinbar ganz automatisiert abruft und ausführt. Denn gedanklich sind Sie schon mit dem Einkauf beschäftigt und überlegen, was Sie alles benötigen, um das Essen gleich herzurichten. Alle Handlungen, die Sie zum Autofahren benötigen, haben Sie im Laufe der letzten Jahre abgespeichert und automatisiert, da unser Gehirn Effektivität liebt, um Energie einzusparen.

Im Verlauf unserer Kindheit, Jugend und besonders im Erwachsenenleben entwickeln wir zahlreiche Automatismen und Gewohnheiten, die tief in uns verankert sind. Die in der Kindheit erworbenen Prägungen sind besonders einflussreich und wirken sich unser ganzes Leben lang aus. Diese Prägungen können entweder eine positive Kraft sein, von der wir ein Leben lang profitieren, oder negative Spuren hinterlassen, mit denen wir uns noch als Erwachsene auseinandersetzen müssen. **Daher ist die Kindheit eine entscheidende Phase für unsere gesamte Entwicklung.** Trotz der bedeutsamen Rolle, die Gewohnheiten in unserem Leben spielen, sind wir uns ihrer oft nicht bewusst. Zudem sind sie nicht immer förderlich für unsere Entwicklung, da sie uns in unseren Möglichkeiten begrenzen und uns manchmal so unflexibel wie in einem Korsett wirken lassen.

Dies spüren viele Menschen im privaten wie auch beruflichen Kontext zum Beispiel dann, wenn sie mit Familienangehörigen, Freunden oder Mitarbeiter:innen konfrontiert sind, die sehr stark an Gewohnheiten festhalten und alle neuen Ideen mit Totschlagargumenten wie »Das haben wir aber schon immer so gemacht« und »Ja, aber ...«-Floskeln kaputtreden. Die wenig agil und wendig sind, es lieben, wenn alles »beim Alten« bleibt, oder sich wahnsinnig schwer damit tun, eine neue Sache auszuprobieren. Sie stehen Veränderungen generell eher skeptisch und ablehnend gegenüber und versuchen, sie zu vermeiden.

Reflexionsfragen:

- Welche Gewohnheiten sind in Ihrem Leben hilfreich und nützlich?
- Wo und wann spüren Sie, dass Sie durch Ihre Gewohnheiten eingeschränkt oder gar gehemmt werden, etwas Neues auszuprobieren?
- Was glauben Sie, kann man Gewohnheiten verändern? Wenn ja, wie?
- Brauchen Kinder Rituale und Gewohnheiten? Wenn ja, warum? Worauf sollten Erwachsene dabei achten? Welche Gefahren könnten bestehen?

Die Psychologie der Gewohnheiten

Die Gewohnheitsbildung ist ein grundlegender Aspekt der menschlichen Psychologie. Laut Charles Duhigg, einem renommierten Autor und Journalisten, besteht eine Gewohnheit aus einem dreiteiligen Prozess: dem Auslöser (Trigger), der Routine und der Belohnung. Wenn ein Auslöser eintritt, wird eine bestimmte Routine in Gang gesetzt, die mit einer Belohnung verbunden ist. **Diese Belohnung wirkt als positive Verstärkung und führt dazu, dass die Gewohnheit weiter aufrechterhalten wird** (Duhigg 2014). Dieser Mechanismus erklärt, warum Gewohnheiten oft so schwer zu durchbrechen sind und viele Menschen an ihnen krampfhaft festhalten. Etappenziele, kleine Schritte und ein neues Mindset sind Aspekte, die dann den Weg ebnen können.

Denn **positive Gewohnheiten können unser Leben in vielfältiger Weise verbessern.** So kann die Gewohnheit, regelmäßige körperliche Aktivität in den Alltag einzubauen, zu einer besseren Fitness und Beweglichkeit führen, die Umstellung auf eine ausgewogene und ballaststoffreiche Ernährung die Verdauung verbessern und tägliche Bewegung das allgemeine Wohlbefinden steigern und die Gesundheit fördern. All diese Veränderungen müssen jedoch gewollt sein und brauchen Selbstdisziplin, um in die Tat umgesetzt werden zu können. Auch haben Studien gezeigt, dass Menschen, die positive Gewohnheiten entwickeln, oft erfolgreicher, produktiver und glücklicher sind (Gardner/Lally/Wardle 2012). Denn positive Gewohnheiten geben uns Struktur und vor allem Kontrolle über unser Leben und können uns dabei unterstützen, unsere Ziele zu erreichen.

Leider gibt es auch viele negative Gewohnheiten, die aufgrund von Lebenswandel, Erziehung oder des Umfelds, in dem wir aufgewachsen sind, unser Leben beeinträchtigen können. Rauchen, übermäßiger Alkoholkonsum, langes Sitzen oder ungesunde Ernährung sind Beispiele für solche schädlichen Gewohnheiten. Diese Verhaltensweisen können langfristig zu gesundheitlichen Problemen, persönlichen Konflikten und einem geringeren Lebensglück führen. Die meisten Menschen wissen das und doch ändern sie nichts daran. **Denn Wissen allein reicht nicht aus. Es braucht auch das Wollen, den Willen, etwas zu ändern, und die Disziplin, dies dann auch zu tun.**

Wenn der Wille fehlt, die Disziplin, die innere Kraft, um dem »inneren Schweinehund« Paroli bieten zu können und vor allem, um sich gegen ihn durchzusetzen, verharren viele Menschen in alten Mustern und schaffen es nicht, sie zu durchbrechen. Daher ist es wichtig, schon früh im Kindesalter zu lernen, dass es manchmal Kraft, Durchhaltevermögen und einen starken Willen sowie auch die Bereitschaft braucht, etwas verändern zu wollen, um es dann auch zu tun.

Valentina Nowak (57), Hebamme: Ich war 20 Jahre in meinem Beruf mit viel Engagiertheit und Leidenschaft tätig und bin es heute immer noch. Es freut mich zu sehen, mit wie viel Liebe und Engagiertheit die jungen Frauen von heute beides meistern: ihr Mutterglück und ihr Arbeitsglück. Sie können, dürfen und wollen beides: ein Kind großziehen und Karriere machen. Was für ein Glück, dass sie sich nicht mehr entscheiden müssen, obwohl die Rahmenbedingungen leider noch immer nicht optimal sind. Gleichwohl gab es aber auch schon viel schlechtere Zeiten. Veränderungen gehören nun mal zum Leben dazu. Doch ein Kind zu bekommen, ist die größte Veränderung, die eine Frau zu meistern hat. Wie wohltuend, dass sich immer noch viele Frauen (und auch Männer) für ein Kind entscheiden, obwohl sich unsere Welt gerade in einem großen Veränderungsprozess befindet.

Valentina Nowak hat Recht: **Veränderungen sind ein unvermeidlicher Bestandteil des Lebens.** Einige Veränderungen werden positiv wahrgenommen, während andere negativ sind, und sie präsentieren sich in vielfältigen Formen. Das Durchbrechen negativer Gewohnheiten gestaltet sich oft schwierig, da sie tief verwurzelt sein können und mit emotionalen Belohnungen verbunden sind (Woods/Scott 2016). Es erfordert bewussten Umgang mit diesen Gewohnheiten und den Willen, Neues zu probieren. Dafür sind **Selbstreflexion, Entschlossenheit und Disziplin** notwendig. Diejenigen, die sich diesen Herausforderungen stellen, durchhalten und sie meistern, erfahren in der Regel eine positive Veränderung, die von Ehrlichkeit und Authentizität geprägt ist. Es ist ein **Gefühl von »Es war anstrengend, aber es hat sich gelohnt«**, sei es im Beruf, im Privatleben, im Sport oder in der Freizeit.

Reflexionsfragen:

- Welche Gedanken gehen Ihnen gerade durch den Kopf?
- Welche Ideen fallen Ihnen ein, um Kindern im Kindergarten oder Grundschülern die Fähigkeiten Entschlossenheit, Selbstreflexion und Disziplin zu vermitteln?
- Was glauben Sie, ist der Mensch ein Gewohnheitstier?
- Und wenn ja, kann sich trotzdem jeder Mensch verändern?
- Und wenn ja, was braucht es dafür?

Wir Menschen sind von der Macht der Gewohnheiten geprägt, die unser Leben maßgeblich beeinflussen. Durch bewusste Selbstreflexion, Disziplin und die Schaffung neuer positiver Routinen können wir unser Leben nachhaltig positiv verändern. Die Disziplin hilft uns, Gewohnheiten zu durchbrechen, die sich oft als tief verwurzelte Verhaltensmuster zeigen, die im Laufe der Zeit in uns entstanden sind.

Von Widerständen und Versuchungen

Disziplin hilft dabei, Versuchungen zu widerstehen, die mit einer alten Gewohnheit verbunden sind. Wenn Sie beispielsweise versuchen, mit dem Rauchen aufzuhören, erfordert es Disziplin, den Drang nach einer Zigarette zu überwinden. Wenn ein Kind weiß, es darf nur dreißig Minuten fernsehen, braucht es Selbstdisziplin, um den Fernseher auszuschalten, nachdem z. B. der Wecker geläutet hat. **Da Kinder Kinder sind, können und müssen Erwachsene hier sehr gute Helfer im Prozess sein,** indem sie z. B. das Kind an die Absprache erinnern, es ermutigen, den Fernseher selbst auszuschalten, und wenn es sein muss, ihn für das Kind ausschalten, wenn das Kind es noch nicht allein schafft. Der Drang bzw. die Versuchung, weiter fernzusehen, ist groß, daher brauchen Kinder Unterstützung durch Erwachsene, die klar, echt und zugewandt sind, auch wenn das Kind schreit, tobt oder wütend wird. Eine klare Haltung nach dem Motto »Ich kann dich verstehen, und dennoch machen wir den Fernseher jetzt aus« ist dabei entscheidend.

Erwachsene holen sich übrigens auch oft Hilfe und Unterstützung, wenn sie einer Versuchung widerstehen bzw. eine alte Gewohnheit durchbrechen wollen. So gehen sie z. B. in der Gruppe joggen (Gruppendruck bzw. Gruppenkontrolle), um der Versuchung zu widerstehen, lieber einen Film auf dem Sofa anzusehen, oder sie gehen in eine Selbsthilfe- oder Abnehmgruppe (gleiches Prinzip), um zu vermeiden, zu viel und das Falsche zu essen. So holen sie sich **Ermutigung und Zuspruch, und das Gleiche brauchen auch die Kinder.**

Um eine neue Gewohnheit zu etablieren, ist es wichtig, beharrlich zu sein. Disziplin hilft dabei, die erforderlichen Schritte regelmäßig auszuführen, bis die neue Gewohnheit zur Routine wird. Gerade Kinder brauchen viele Wiederholungen, um eine neue Sache zu lernen. **Erwachsene brauchen viel Geduld, oft auch Nerven und Kraft, um Kinder auf diesem Weg zu begleiten.** Interessanterweise brauchen aber auch Vorgesetzte ebenso einen langen Atem, Kraft und Nerven, wenn sie von ihren Mitarbeitern verlangen, sich mit einer neuen Tätigkeit oder Aufgabe anzufreunden, sie diese gar in das bestehende Repertoire an Tätigkeiten integrieren oder durch eine neue ersetzen sollen. Auch hier braucht es ein hohes Maß an Geduld, Disziplin und Beharrlichkeit.

Markus Hertling (42), Schulleiter: Nachdem ich die Käthe-Kollwitz-Grundschule übernommen habe, bin ich mit meinem Team in Klausur gegangen. Wir haben gemeinsam alles auf den Prüfstand gestellt und viele Prozesse, Gewohnheiten und alte Rituale und Methoden, die es an der Schule gab, gemeinsam überdacht und diskutiert. Das kam nicht bei allen Kolleg:innen gleich gut an, war mir aber sehr wichtig. Nur wenn jede und jeder bereit ist, Schule neu zu denken, können wir gemeinsam etwas bewirken. Angefangen habe ich mit gegenseitigen Hospitationen in den Klassen. Das war krass und ein wahrliches Meisterwerk an Planung und Vertretung. Aber der Effekt war super. Dann haben wir uns für jeden Monat im Jahr ein Motto überlegt, welches die Schüler:innen und auch das Kollegium mit Leben füllen sollte. Es waren ganz einfache Dinge dabei wie »Ich komme jeden Tag pünktlich« bis zu schweren Themen wie »Wir haben in dieser Woche gemeinsam Spaß im Unterricht und lachen viel«. Dass Veränderungen nicht gern gesehen sind, weiß ich aus Erfahrung, dass sie jedoch zum Leben dazugehören und für Weiterentwicklung zentral sind, auch. Als Schulleitung war es mir wichtig, den Weg für Veränderungen zu ebnen. Immer wieder aufs Neue. Zurzeit erproben wir gerade unser eigens erarbeitetes Konzept »Schule ohne Hausaufgaben«. Das war wieder so ein Meisterstück, denn jeder im Team musste seinen Unterricht um- und neu planen. Wir sind noch lange nicht fertig, denn es gibt auch Rückschritte und dosiertes Scheitern. Und zurzeit kämpfen wir auch mit dem Personalmangel und krankheitsbedingten Ausfällen. Aber das macht nichts. Denn wo ein Wille ist, da ist auch ein Weg.

Selbstkontrolle entwickeln und einfordern

Durch die Anwendung von Disziplin können Kinder und Jugendliche Selbstkontrolle und Willenskraft entwickeln, die ihnen in anderen Lebensbereichen und vor allem im künftigen Leben nützlich sein können. **Die Fähigkeit, eine »Situation im Griff zu haben«,** also das positive Selbstkonzept **verbunden mit dem Glauben an die eigenen Kräfte und Fähigkeiten,** ist wichtig, um im späteren Leben eigene Lösungen für Probleme finden zu können.

Generell ist es jedoch wichtig zu beachten, dass Disziplin allein möglicherweise nicht ausreicht, um Gewohnheiten dauerhaft zu durchbrechen. Es kann auch hilfreich sein, **Unterstützung von anderen Menschen** zu suchen, sich **realistische Ziele** zu setzen **und Strategien** zu entwickeln, um mit Rückfällen umzugehen. Die Veränderung von Gewohnheiten ist oft ein schrittweiser Prozess, und es ist normal, Rückschläge zu erleben. Disziplin kann jedoch dabei helfen, auf dem Weg zur Veränderung standhaft zu bleiben. Daher ist es wichtig, dass wir Kinder dazu ermutigen, Neues und Unbekanntes zu wagen, und ihnen vor allem Lernfelder bieten, um dies zu trainieren.

Reflexionsfragen:

- Wie würden Sie *dosiertes Scheitern* interpretieren?
- Wann sind Sie das letzte Mal gescheitert? Wie war das Gefühl? Was hat das Scheitern bei Ihnen ausgelöst? Und vor allem: Wie haben Sie das Scheitern überwunden? Was haben Sie daraus gelernt?
- Welche Ideen fallen Ihnen ein, um Kindern im Kindergarten, Grundschülerinnen oder Jugendlichen die Möglichkeit zu bie-

ten, in einem geschützten Rahmen zu scheitern? Warum ist das sinnvoll? Bzw. ist das überhaupt sinnvoll?

– Was glauben Sie, warum Trainer in der Erwachsenenbildung hervorheben, dass in erlebnisorientierten Team-Projekten das Scheitern der Gruppe nachhaltig oft viel mehr positive Effekte erzielt, als wenn die Gruppe die Aufgabe mit Bravour meistert?

Wie kommen Disziplin und Anstrengungsbereitschaft auf guten Wegen in unser Leben?

Indem sie früh angeregt, gefördert und auch erlernt werden, denn diese Fähigkeiten sind nicht angeboren, sondern entwickeln sich, indem sie einerseits von Eltern und andererseits von anderen Erwachsenen, oft sogar auch anderen Kindern und Jugendlichen, der Peer-Group, nachgeahmt werden. Ebenso müssen sie auch bewusst eingefordert werden. Denn Ausdauer, Durchhaltevermögen, Anstrengungsbereitschaft, Selbstregulation und Disziplin entwickeln sich nur durch kontinuierliches Üben und indem Kinder darin bestärkt werden, **dass Anstrengung nicht ein notwendiges Übel ist, sondern auch Spaß und Befriedigung mit sich bringen kann.** Es gibt verschiedene Methoden und Ansätze, um Disziplin und Anstrengungsbereitschaft zu erlernen. Im Folgenden möchten wir hier einige bewährte Strategien aufzeigen:

Klare und erreichbare Ziele

Ein wichtiger erster Schritt besteht darin, **klare und erreichbare Ziele** zu setzen. Durch das Festlegen von Zielen können wir uns darauf fokussieren, was wir erreichen wollen, und uns motivieren, Anstrengungen zu unternehmen, um diese Ziele zu erreichen. Dies geht auch schon mit Kindergartenkindern um die fünf Jahre (und selbstverständlich auch mit Schulkindern und Jugendlichen), also vor der Schule, und hilft, später in der Schule und vor allem im (weiteren) Leben auf diese Kompetenz zurückzugreifen.

Frau Dr. Ahrens-Eipper beispielsweise betreibt zusammen mit Katrin Nelius eine psychotherapeutische Gemeinschaftspraxis in Halle, in der die beiden unter anderem mit sozial unsicheren Kindern arbeiten. Mit dem Trainingsprogramm »**Mutig werden mit Til**

Tiger«, das speziell für unsichere, ängstliche und schüchterne Kinder von fünf bis zehn Jahren entwickelt wurde, wird ganz bewusst zu Beginn des Trainings mit dem Kind festgelegt, was es denn selbst durch das Training erreichen will, also was es bei sich ändern möchte. Generell ist das Ziel des verhaltenstherapeutischen Trainings, sozial unsicheren Kindern mehr Selbstbewusstsein zu vermitteln, soziale Ängste abzubauen und die soziale Kompetenz zu fördern. Und dennoch hat jedes Kind sein eigenes Problem und damit verbunden auch eigenes Ziel, welches dann beherzt angegangen wird.

Ähnlich verhält es sich auch in der Lerntherapie von Anja Tönjes, Lerncoach mit eigener Praxis. Sie beginnt kein Lerncoaching, bevor sie nicht mit dem Kind einen Zielplan erstellt hat. Jedes Kind, auch wenn es erst gerade sieben oder acht Jahre alt ist, kann schon sehr genau sagen, was es ändern oder verbessern will. Darauf baut Anja Tönjes dann auf und **entwickelt mit dem Kind »seinen« Zielplan.** Und wenn es noch nicht schreiben kann, malt es sein Ziel. Sie nutzt die Visualisierung des Zielzustandes, um mit und für die Kinder die lösungs- und ressourcenorientierte Arbeit an den individuellen Bedürfnissen des jeweiligen Kindes zu planen. Gemeinsam mit dem Kind erarbeitet sie dann Strategien, die ihm den Schulalltag erleichtern, und helfen, wieder Spaß am Lernen zu haben. Ihr Ziel ist es, den Kindern »Werkzeuge«, also Methoden und Strategien, an die Hand zu geben, damit sie diese in der Zukunft selbstständig beim Lernen zu Hause und in der Schule anwenden können.

Diese beiden Beispiele zeigen auf, wie wichtig es ist, ein Ziel vor Augen zu haben, also zu wissen, wofür man sich anstrengt und was man dann durch die Anstrengung erreichen kann. Dass der eigene Erfolg dann am Ende gefeiert wird, versteht sich von selbst. In der Praxis von Dr. Sabine Ahrens-Eipper und Katrin Nelius erhalten die Kinder am Ende des Trainingsprogramms eine Urkunde und einen kleinen selbstgenähten Til Tiger, bei Anja Tönjes suchen sich die Kinder nach der Zielerreichung eine Kraftfigur aus, die gut zu ihnen passt. Diese nehmen sie dann symbolisch mit in ihren Alltag, um sich immer wieder daran zu erinnern, dass sich Anstrengungen lohnen, um ein Ziel zu erreichen.

Auch Eltern könnten die imaginäre »Macht« von Kraftfiguren oder Mut-Mach-Steinen nutzen, um ihre Kinder bei der Zielerrei-

chung zu unterstützen. Zuvor wäre es jedoch wichtig, mit den Kindern erst einmal ein Ziel zu definieren. Dabei sind zwei Fragen sehr wichtig: Kannst du das Ziel überhaupt erreichen? Und willst du das Ziel überhaupt erreichen? Zwei Fragen, die auch für Erwachsene ein Leben lang essenziell sind.

Denn wie Sie vorhin schon gelesen haben, **beweisen Studien, dass die meisten Menschen in Wahrheit nicht am Können, sondern am Wollen scheitern, Kinder eingeschlossen.** Daher ist es wichtig, auch schon mit Kindern klar herauszuarbeiten, ob sie das formulierte Ziel auch wirklich erreichen wollen. Dies geht natürlich erst ab einem bestimmten Entwicklungsalter, also ab ca. fünf oder sechs Jahren. Erst danach kann man mit dem Kind oder Jugendlichen gemeinsam überlegen, wie man dieses Ziel erreichen kann. Je konkreter und passgenauer das Ziel formuliert wird, desto klarer und oft auch einfacher ist der Weg. Und auch das ist bei Kindern, Jugendlichen und Erwachsenen gleich.

Unser Tipp: SMART sollten alle Ziele sein

Die SMART-Formel hat sich auch schon bei Kindern für die Zielfindung bewährt.

S wie schriftlich

(oder bei Vorschulkindern bildlich, also gemalt und vom Erwachsenen schriftlich kommentiert)

Das Kind soll sein Ziel gut sichtbar auf einen Zettel malen oder schreiben (je nach Alter und Entwicklungsstand). Wenn es gemalt wurde, schreibt der Erwachsene das Ziel in den Worten des Kindes daneben; so wird gewährleistet, dass man dem Kind das Ziel immer wieder in seinen selbstgewählten Worten vorlesen kann. Es hat sich auch bewährt, das Ziel gut sichtbar zu platzieren. Das bedeutet, dass es z. B. über dem Schreibtisch, am Schrank oder über dem Bett des Kindes angeheftet wird, sodass das Kind es häufig sehen kann.

Jugendliche und Erwachsene notieren sich ihr Ziel ebenso konkret und spezifisch und heften es ggf. auch an eine gut sichtbare Pinnwand oder den Kühlschrank.

M wie messbar

Und wie beweisen wir am Ende, ob das Ziel erreicht wurde? Das Kind im Trainingsprogramm hat das Ziel, sich zu trauen, allein ein Brötchen im Backshop einzukaufen, indem es laut und deutlich mit Blickkontakt die Verkäuferin anspricht. Das Kind in der Lerntherapie möchte sich in Mathe verbessern und hat das Ziel, in der nächsten Arbeit eine Drei zu schreiben. Und das Kind im Kindergarten? Das hat sich vorgenommen, bis zur Einschulung das »Schleife-Binden« zu können. Drei sehr unterschiedliche Ziele, jedoch messbar formuliert, denn am Ende kann überprüft werden, ob es gelingt.

Auch als erwachsener Mensch überlege ich mir, wie ich das Ergebnis meines Ziels messen kann und will, indem ich z. B. notiere, dass ich nur drei Zigaretten am Tag rauche oder jeden Tag nach dem Mittagessen meine Dehnungsübungen ausführe oder fünf Kilo abnehmen werde.

A wie anspruchsvoll

Das sozial unsichere Kind muss nicht gleich ein langandauerndes Gespräch mit einer Verkäuferin oder einer anderen fremden Person führen können, das Kind in der Lerntherapie nicht die Klassenbeste in Mathe werden, und das Kindergartenkind muss nicht drei verschiedene Bindetechniken für Schnürsenkel beherrschen. Allerdings sollte die Zielerreichung auch nicht zu leicht sein. Jedes Kind sollte sich anstrengen müssen, um sein Ziel zu erreichen. In der Regel tut es das auch von allein, mit Blick auf unsere drei Beispielkinder, die wir beschrieben haben. Nehmen wir jedoch ein anderes Kind in den Blick, das vielleicht recht gut in einer Sache ist, dann sollte das gewählte Ziel das Kind auch wirklich herausfordern. Wohlgemerkt herausfordern, also weder unter- noch überfordern. Auch dies gilt genauso für Jugendliche und Erwachsene.

R wie realistisch

Das Ziel muss messbar, vor allem aber machbar, also realistisch sein. Womit wir wieder beim Können und Wollen wären. Ein Kind will ganz viel, Jugendliche und Erwachsene auch. Es müssen aber auch das Können, die Kompetenz und die Ressourcen mit in den Blick genommen werden. Daher sollte das Ziel so spezifisch formuliert sein, dass man es auch erreichen kann, wie z. B.: »Ich will in der nächsten Arbeit eine Drei schreiben.« Unrealistisch wäre es, eine Eins anzustreben, denn das würde nicht zum derzeitigen Leistungsstand und zu den Ressourcen des Kindes passen. Schwammig und unkonkret wäre die folgende Zielformulierung: »Ich will mich in Mathe verbessern.« Realistisch und passgenau formuliert: »Ich will in der nächsten Mathearbeit eine Drei schreiben.« Denn die Verbesserung um eine Note, also von Vier auf Drei, ist realistisch. Danach kann mit dem Kind überlegt werden, wie genau das Ziel erreicht werden kann. Ein Jugendlicher oder Erwachsener würde mit Blick auf eine realistische Formulierung z. B. folgendes Ziel benennen: »Ich will pro Monat ein Kilo abnehmen.« Und auch er kann danach festlegen, wie genau er das Ziel erreichen will.

T wie terminiert

Generell gilt: Setzen Sie sich einen Termin, zu welchem Zeitpunkt Sie Ihr Ziel erreicht haben wollen. Für Kinder gilt das Gleiche. Mit Blick auf unsere Beispiele: »Wann willst du die Schleife binden können?«, »Wann willst du es wagen, zum Backshop zu gehen, um ein Brötchen allein einzukaufen?«, »Wann ist die nächste Mathearbeit? Wie viel Zeit haben wir, um zu üben? Was wären die ersten Schritte?«.

Durchhalten – die Fähigkeit, um erfolgreich zu sein

Zusammenfassend können wir sagen, dass klare Ziele Kindern, Jugendlichen und auch Erwachsenen helfen, sich auf das zu konzentrieren, was sie erreichen wollen. So können Eltern und/oder pädagogische Fachkräfte Kinder bzw. Jugendliche ermutigen, **realistische und erreichbare Ziele zu formulieren, und gemeinsam mit ihnen einen Schritt-für-Schritt-Plan entwickeln,** um sie in die richtige Richtung zu lenken.

Vorgesetzte können über **Zielvereinbarungsgespräche** Mitarbeitenden helfen bzw. sie lenken und auch motivieren. Und natürlich können sich Jugendliche und Erwachsene auch aus sich selbst heraus verändern und sich eigene Ziele setzen und diese dann angehen, wie z. B. Anne Haug, eine der besten Triathletinnen der Welt.

Es gibt nicht viele Menschen, die härter trainieren als die 40-Jährige, die vor vier Jahren den Ironman auf Hawaii gewann. Im Oktober 2022 wurde sie bei dem Wettbewerb Zweite, den Marathon lief sie schneller als je eine Frau zuvor. Solch eine Leistung muss nicht das Ziel für jeden von uns sein, gleichwohl können Ziele, die wir mit »heißem Herz« und echtem Wollen verfolgen, das Beste aus uns herauslocken und uns zur Höchstform anspornen. In einem Interview in der Zeitschrift *myself*, im Januar 2024, wird Anne Haug gefragt, warum sie sich 4 Kilometer Schwimmen, 180 Kilometer Fahrradfahren und dann noch etwas mehr als 42 Kilometer Laufen in einem Wettbewerb antut. Ihre Antwort: »**Eben weil es so unvorstellbar erscheint. Aber der Körper ist zu viel mehr imstande, als man ihm erst mal zutraut. Hindernisse bestehen oft nur im Kopf.**« (S. 52)[16] Generell ist es im Leben wahrscheinlich oft so, dass unser »Kopfkino« uns von Veränderungen abhält oder schnell viele Gegenargumente bereithält, die sogenannten »Ja, Abers«, also Gründe, warum etwas gerade jetzt nicht angegangen, gar verändert werden kann. Diese »Ja, Abers« kennen wir aus dem beruflichen Kontext wie auch aus dem Privaten. Sie halten uns davon ab, unsere Lebensumstände zu verändern, uns neue Ziele zu setzen oder eine neue Routine ins Leben zu holen, wie z. B. täglich für zwei Stunden auf Medien zu verzichten, regelmäßig zu joggen oder eine Stunde schwimmen zu gehen.

Geht es nach Anne Haug, sollte man sich Ziele setzen, die einem am Anfang als viel zu groß erscheinen, denn je länger wir an ihnen arbeiten, so die Triathletin, desto länger hält auch die Freude daran an, die eigenen Leistungsgrenzen zu überwinden. Aus ihrer Sicht macht das auch viel mit dem Selbstwertgefühl. Aus unserer Sicht auch mit dem Selbstbewusstsein, denn gerade wenn man an Leistungsgrenzen kommt und diese zu überwinden lernt, spürt man sich und seine Selbstwirksamkeit, wird sich seiner selbst unmittelbar bewusst.

16 Zeitschrift myself, Jan./Feb. 2024, Interview von Marc Baumann, S. 52–54.

Die Entwicklung von täglichen Routinen als Helfer im Veränderungsprozess

Tägliche Routinen können helfen, Disziplin zu fördern, da sie den Alltag, eine Aufgabe oder ein Ziel strukturieren. Für Kinder kann es daher sehr hilfreich sein, beispielsweise immer zur gleichen Zeit die Hausaufgaben zu erledigen, zum Sport zu gehen, auf dem Musikinstrument zu üben oder sich mit den Vokabeln oder einem Buch zu beschäftigen. Durch solche Routinen erfahren Kinder Sicherheit und Struktur.

Mila Symal (31), Yoga-Lehrerin und Bäckereifachverkäuferin: Ich liebe Routinen. Sie helfen mir bei meiner Arbeit in der Bäckerei und vor allem sind sie beim Yoga fundamental. Die immer gleichen Abläufe und Übungen, das Hineingehen in die Dehnung, die routinierten Bewegungsmuster, herrlich. Das spüre ich auch bei den Menschen in meinen Kursen, wie gut ihnen das tut. Seit einem halben Jahr arbeite ich auch mit einer Kindergruppe. Es ist sehr spannend zu sehen, wie selbstverständlich die Kinder ihre Matte vorbereiten und sich in »Position« setzen. Wie sie jetzt schon genau wissen, was wir wie und wann machen. Das hilft ihnen »runterzukommen«, die werden ganz ruhig und schaffen es sogar, sich auf ihre Atmung zu konzentrieren. Das hätte ich am Anfang nicht gedacht. Tja, und bei uns in der Bäckerei, da haben wir auch viele Routinen. Das macht den Kopf frei. Es wäre doch krass, wenn ich jeden Tag aufs Neue immer wieder alles mit den Kollegen ausdiskutieren müsste. Also wie wir nun was genau wann machen. Nee, ich glaube, Routinen sind gute Helfer im Alltag. Sie dürfen nur nicht zu lähmenden Gewohnheiten werden. Daher ändere ich mein Yogaprogramm auch immer wieder regelmäßig und stelle die Einheiten um. Die Grundroutinen bleiben gleich, aber die Inhalte variieren, das macht es für meine Kursteilnehmer:innen spannend und interessant. Und dann baue ich unregelmäßig auch neue Übungen ein, denn das fordert alle neu heraus, und das macht es doch aus, oder nicht?

Auch in Kita und Schule sind Routinen hilfreich und werden oft eingesetzt. Im Kindergarten beispielsweise beim gemeinsamen Essen oder in der Vorschularbeit, wenn es darum geht, die Einheit mit einer Begrüßungsroutine zu beginnen oder z. B. einen gemeinsamen

Abschlusskreis zu zelebrieren. In der Schule wäre eine morgendliche Routine in Form eines Morgenkreises in der Klasse denkbar, bei dem die Schüler:innen sich kurz austauschen und danach gemeinsam ihre Schulsachen für den bevorstehenden Unterricht vorbereiten. Solch ein Vorgehen fördert sowohl bei den Kindern in der Kita wie auch in der Schule die Disziplin und gleichzeitig auch das Zusammengehörigkeitsgefühl sowie das Gemeinschaftsgefühl. Dass gleichsam auch noch die Ordnung und die Selbstorganisation der Kinder verbessert wird, ist ein toller Nebeneffekt.

Und auch Erwachsenen helfen Routinen, das eigene Leben gut zu organisieren und zu strukturieren, im kollegialen Miteinander aber vor allem auch, um Ziele zu erreichen und mehr Disziplin aufzubringen, indem man z. B. bewusst Situationen schafft, in denen man sich disziplinieren muss. Zum Beispiel könnte man sich vornehmen, für eine bestimmte Zeit am Tag keine Ablenkungen durch Handy oder Smartwatch zuzulassen, während man z. B. an einem Projekt arbeitet. Oder die gemeinsame Teamsitzung mit einem Timeboxing zu beginnen. **Durch die klar vorgegebene Zeit müssen sich alle im Team stark disziplinieren und sich zudem auf den Dialog und die Aufgabe fokussieren.** Oder man nimmt sich vor, regelmäßig die Arbeit am PC zu unterbrechen, indem man von einem Signalton daran erinnert wird, um dann die drei Übungen zur Dehnung der Schultern oder einige Lockerungsübungen durchzuführen, auch wenn man keine Lust dazu hat. Das akustische Signal unterstützt dabei, an die Routine zu denken, und hilft, sich besser zu disziplinieren, um diese dann auch wirklich durchzuführen.

Bei Kindern und auch Jugendlichen ist es ähnlich. Helfer wie Wecker, eine Eieruhr oder ein Timer können visuelle oder akustische Signale sein, die anzeigen, wann die Konzentrations- oder Übungsphase beendet ist, auf dass sich dann eine Pause (oder Spielzeit) anschließen kann. Die Arbeitsphase zuvor wird jedoch ohne Ablenkungen und Unterbrechungen bis zum visuellen oder akustischen Signal durchgehalten. **So übt und trainiert man das Durchhalten und Dranbleiben an einer Sache sowie das Etablieren von Routinen.** Bei jüngeren Kindern sollte man jedoch darauf achten, dass die Zeitspanne recht kurz ist und nach und nach, je nach Alter und Entwicklungsstand, dann langsam verlängert wird.

Ermutigung, Lob, Belohnung und positive Verstärkung

Ermutigung ist ebenso ein sehr starker Helfer im Prozess, da Ermutigung in die Zukunft wirkt und immer die Person in den Mittelpunkt stellt, nicht die Leistung. Aber auch Lob und Belohnung sind positive Verstärkung und daher effektive Mittel, um diszipliniertes Verhalten zu befeuern. So kann eine Schulklasse gemeinsam überlegen, was eine gute Belohnung wäre, wenn alle am Freitag vor dem Wochenende zusammen den Klassenraum aufräumen oder es schaffen, das gemeinsam entwickelte wöchentliche Klassenmotto oder Ziel umzusetzen. Dies fördert zum einen die Selbstdisziplin und kann den Schüler:innen auch dabei helfen, Situationen zu identifizieren, in denen sie sich selbst disziplinieren müssen, um ein gemeinsames Ziel zu erreichen. Ist das Ziel erreicht, kann sich die Klasse selbst belohnen, indem sie z. B. keine Hausaufgaben aufbekommt. Dies muss natürlich vorher gemeinsam mit der Lehrerin vereinbart werden, damit sich Anstrengungen auch auszahlen. Erwachsene können sich auf Team- oder Wochenziele in der Abteilung festlegen und sich ebenso gegenseitig ermutigen und unterstützen oder durch Aushänge das Vorankommen im Projekt visuell darstellen. Gemeinsam schafft man viel.

Mareike Prelling (28), Sachbearbeiterin:
Seit wir uns regelmäßig immer montags zum Timeboxing in der Abteilung treffen, fängt die Woche für mich richtig gut an. Jeder fokussiert sich in diesen 45 Minuten und bringt sich diszipliniert mit ein. Am Ende legen wir gemeinsam das Wochenmotto fest, das ist Motivation und Herausforderung zugleich. Danach hat man das Gefühl, schon viel am Tag erreicht zu haben, und irgendwie »flutscht« es dann besser, man weiß, worauf man hinarbeitet. Früher ist jeder gekommen und hat sich in sein Büro verkrümelt. Manchmal hat man die Kollegen dann erst am Mittag in der Kantine und manchmal auch erst am nächsten oder übernächsten Tag zum ersten Mal zu Gesicht bekommen. Jetzt weht bei uns ein ganz anderer Wind, das macht Spaß trotz der Belastungen, die wir oft aufgrund der Aufgabendichte zu stemmen haben.

Aber es geht auch allein

Wer sich bei einer Aufgabe oder für ein Ziel besonders angestrengt hat, kann sich auch selbst belohnen, um die eigene Motivation aufrechtzuerhalten. Auch das kann schon mit Kindern geübt werden. **Eine gute Strategie ist die positive Selbstverstärkung oder das positive Selbstgespräch.** Erwachsene können Kinder dazu anleiten, einen positiven Monolog mit sich selbst zu führen, indem sie ihnen in einem Dialog helfen, dafür eine Strategie zu finden. Eine Frage kann diesen Dialog eröffnen, wie dieses Beispiel aus der Kita-Welt aufzeigt: Erzieherin: »Was kannst du jetzt zu dir sagen, nachdem du dich bei dieser Aufgabe so angestrengt hast?« Kind: »Das war gut?« Erzieherin: »Ja, genau. Du kannst sagen: Das habe ich gut gemacht. Ich habe alle Bausteine richtig zugeordnet. Versuch es auch mal.« Kind: »Das habe ich gut gemacht mit den Klötzen.« Erzieherin: »Ja, genau, das hast du echt gut gemacht mit den Klötzen.«

Rückschläge gehören dazu

Scheitern, Rückschläge und Misserfolge sind unvermeidliche Begleiter auf dem Weg des Lernens und der Entwicklung, unabhängig davon, ob es sich um Kinder, Jugendliche oder Erwachsene handelt, die sich neuen Herausforderungen stellen oder neue Verhaltensweisen erlernen möchten. Es ist von großer Bedeutung zu erkennen, dass Fehler eine wertvolle Lernquelle darstellen und es vollkommen akzeptabel ist, Fehler zu machen oder zu scheitern. Um dies zu ermöglichen, benötigen wir eine Kultur der Fehlerakzeptanz in Lern- und Arbeitsumgebungen, die es jedem, ob Kind, Jugendlicher oder Erwachsener, erlaubt, aus Fehlern zu lernen und weiterzumachen. Diese Kultur ist essenziell für die Förderung von Einsatzwillen, Ausdauer, Selbststeuerung und Widerstandsfähigkeit. Entscheidend ist, dass niemand durch Fehler oder Misserfolge als Person in Frage gestellt wird; niemand sollte bloßgestellt, verhöhnt oder erniedrigt werden. Als Menschen verdienen wir alle Respekt, auch wenn nicht jedes Verhalten oder jede Leistung akzeptabel ist.

Kinder **und Jugendliche benötigen insbesondere eine respektvolle, achtsame Unterstützung und viel Ermutigung sowie klare Orientierung, um ihren persönlichen Weg zu entdecken.** Es ist dabei essenziell, dass Eltern und Fachkräfte an die Eigenverantwortung und Selbstwirksamkeit der jungen Menschen glauben. Es gilt das Prinzip, dass jeder sein eigenes Potenzial, seine Talente und Fähigkeiten besitzt und individuelle Ansätze benötigt. **Die Anerkennung der Einzigartigkeit jedes Einzelnen und das Eingehen auf individuelle Bedürfnisse sind Schlüssel, um junge Menschen sowohl zu fordern als auch zu fördern.** Durch Klarheit und Bestimmtheit, gepaart mit Empathie und Einfühlungsvermögen, können wir als Erwachsene die wahre Entwicklung und das Wachstum der jungen Generation unterstützen.

Der positive Umgang mit Rückschlägen und das Aushalten von Misserfolgen und Frustrationen sind daher wichtige Erfahrungs-

und Lernfelder auf dem Weg zum Erwachsenwerden. Durch das Setzen klarer Ziele und Grenzen, die Etablierung täglicher Routinen, das Üben von Selbstdisziplin, den Einsatz von Ermutigung, Belohnung und positiver Verstärkung sowie den Umgang mit Rückschlägen können Erwachsene Kindern helfen und sie dazu ermutigen, sich anzustrengen, ihre Ziele zu verfolgen und ihr volles Potenzial zu entfalten. Diese Eigenschaften sind nicht nur für den schulischen Erfolg, sondern auch für die persönliche Entwicklung und das lebenslange Lernen von ganz entscheidender Bedeutung. Das Lernen durch Ko-Konstruktion ist dabei ein wichtiger Helfer im Prozess.

Fazit

Mit Blick auf die vergangenen Kapitel sagen wir **JA** zur Disziplin! Mehr noch, wie hoffen, sie wird als Schlüsselkompetenz für das einundzwanzigste Jahrhundert neu entdeckt. Denn sie ist wichtig, für unsere Kinder, unsere Zukunft, unser Land!

Disziplin bedeutet nicht Strenge oder Verbot. Disziplin symbolisiert Willenskraft, Ausdauer, Selbststeuerung, Einsatzbereitschaft und innere Stärke. Es handelt sich um eine Schlüsselkompetenz, deren Wert in den Augen vieler Eltern und Pädagogen in den letzten Jahren zu schwinden schien, was zu einer bewussten Vernachlässigung führte. Dieser Trend folgt der Annahme, dass mittelmäßige Leistungen ausreichen. Wenn eine Gesellschaft jedoch Mittelmäßigkeit als Norm annimmt und in ihr Bildungssystem nicht investiert, mit der Begründung, dass die meisten Kinder und Jugendlichen irgendwie durchkommen – und im Zweifelsfall einfach durch die Institutionen geschleust werden, um Zeit und Kosten zu sparen –, sollten wir uns nicht wundern, wenn der Antrieb zu außergewöhnlichen Leistungen abnimmt oder sogar verschwindet. **Markus Hengstschläger bringt es in seinem Buch »Die Durchschnittsfalle« mit Blick auf dieses Problem auf den Punkt.** Er schreibt: »Der Durchschnitt ist hilflos. Weil der Durchschnitt niemals besondere Leistungen erbringen wird. Weil der Durchschnitt kein Instrument zur Beantwortung noch ungelöster Fragen ist.« (Hengstschläger 2020, S. 15)

Und wussten Sie schon, dass …

- »der Durchschnitt die größte Gefahr für eine erfolgreiche Zukunft ist, weil er zu keinen Spitzenleistungen fähig ist?
- der Durchschnitt auch ungerecht ist, weil er keinem einzigen Individuum wirklich entspricht?
- der Durchschnitt eine evolutive Sackgasse ist und wir trotzdem gerade mit Vollgas in diese Gasse fahren?
- der Durchschnitt ein Würfel ist, bei dem jede Seite dieselbe Augenzahl hat?

- Kinder nicht sein dürfen (können) wie ihre Eltern und
- jeder Mensch mehrere Talente hat?« (Hengstschläger 2020, S. 5)

Für die Zukunftsgestaltung unseres Landes, nein, mehr noch, unserer Welt brauchen wir jedoch jedes Kind mit seinen Potenzialen, Talenten und individuellen Fähigkeiten. Wir brauchen »In-Frage-Stellerinnen«, »Anpacker«, »Zukunftsgestalterinnen«, »Positiv-Auffaller«; und vor allem ganz viele, **die Lust auf Leistung und Anstrengung haben, weil sie gestalten wollen, Macher und Macherinnen sein wollen.** Junge Menschen, die große Ziele und Visionen entwickeln wollen und diese dann auch beherzt angehen und zu Höchstform auflaufen.

Was wir nicht brauchen, ist ein Durchschnittsbrei an Menschen, die wie geklont durch ihr Leben gehen, träge und satt sind. Stillstand bedeutet Rückschritt oder, wie Markus Hengstschläger es formuliert: »Der Durchschnitt bedeutet Stillstand, so bequem er uns auch manchmal vorkommen mag. [...] Die große Gefahr ist nicht das Heute. Die Gefahr liegt in der Zukunft.« (Hengstschläger 2020, S. 40)

Ja, genau. Und ohne Disziplin, Anstrengungsbereitschaft und die Fähigkeit zur Selbstregulation lässt es sich auf Dauer nicht glücklich leben, da dies Schlüsselkompetenzen für Erfolg, wie auch immer man Erfolg definiert, sind. **Die innere Macht, die ein jeder, eine jede in sich trägt, muss allerdings erst geweckt werden, braucht Übung, gleich einem Muskel, der trainiert werden muss, um seine volle Kraft zu entfalten.** Und politisch Verantwortliche brauchen den Mut, radikal umzudenken, um das Bildungssystem neu aufzustellen, denn sonst hat es keine Zukunftschance.

Der Zeitpunkt für eine Umgestaltung ist jetzt, so Prof. Dr. Dr. Wassilios E. Fthenakis, ein griechisch-deutscher Pädagoge, Anthropologe, Genetiker und Psychologe sowie Präsident des Didacta-Verbandes und des Verbandes der Bildungswirtschaft (2013–2019). Er sieht die deutschen Bildungssysteme gegenwärtig vor der größten Herausforderung in der Geschichte unseres Landes. Alle Kinder, die jetzt, im Jahr 2024, den Kindergarten besuchen, werden erst nach 2040 ihre Ausbildung oder ihr Studium beenden. Und was erwartet sie dann? Dr. Dr. Wassilios E. Fthenakis beschreibt es so: »Es wird eine technologisch durchdrungene, sich schnell verändernde und deshalb auch kaum prognostizierbare Welt sein, in der die jungen Menschen Technologien anwenden, die erst noch erfunden werden, und Berufe ergreifen, die es jetzt noch nicht gibt. Kinder angemessen auf diese Situation vorzubereiten, ist die Aufgabe des Bildungssystems.« (Fthenakis 2023, S. 24) Unserer Meinung nach auch die der Eltern. Denn sie haben den größten Einfluss am Anfang, wenn es wichtig ist und darauf ankommt, die Weichen zu stellen.

Mit auf den Weg: Muten Sie Ihren Kindern etwas zu!

Die Zumutung ist unserer Auffassung nach die »kleine Schwester« der Disziplin. Beide sollten Hand in Hand daherkommen, denn die Erfahrung und auch Erkenntnis, dass das Leben nicht nur Sonnen-, sondern auch Schattenseiten beinhaltet, ist auf dem Weg ins Erwachsenwerden für Kinder und Jugendliche elementar.

Nur gemeinsam, als Eltern, pädagogische Fachkräfte aus dem Elementarbereich und Lehrkräfte aus dem Primarbereich, also Schulter an Schulter, können wir diese verantwortungsvolle Aufgabe stemmen. Wir brauchen alle angeborenen Talente und Potenziale der Kinder als Grundlage für eine Neuausrichtung und Weichenstellung in Richtung Zukunft, brauchen den Mut der politisch Verantwortlichen, endlich die Bildung und die Reform des Bildungssystems zur »Chefsache« zu erklären und analog der Neuausrichtung der Bundeswehr auch ein mindestens 150 Milliarden Euro umfassendes Paket für die Bildung. Denn jeder Cent ist es wert, in die Zukunft und somit die Bildung unserer Kinder investiert zu werden. **Unserer Meinung nach sollten sich daher alle politisch Verantwortlichen hier disziplinieren, um das Geld in die richtigen Kanäle zu lenken. Denn so wie bislang kann und darf es nicht weitergehen.**

Es gibt **viele Werte,** die es wert sind, an Kinder weitergegeben zu werden: Humor, Ehrlichkeit, Wertschätzung, Friedfertigkeit, Gerechtigkeit, Respekt, Toleranz, Neugierde, Verlässlichkeit, Vertrauen, Hilfsbereitschaft, Einzigartigkeit, Anteilnahme, Freundschaft, Kreativität, Achtsamkeit, Dankbarkeit, Freiheit, Freundlichkeit, ... Die Anstrengungsbereitschaft und Disziplin sollten in dieser Auflistung nicht vergessen, sondern bewusst vorgelebt werden. Denn Werte lassen sich nicht lehren. Man lernt und übernimmt sie in sein Leben durch authentische Beziehungs- und Bezugspersonen, die den Wert vorleben und einfordern. So kann er bestenfalls abgeschaut und ins eigene Leben übernommen werden.

Machen Sie mit. Lassen Sie uns gemeinsam die Weichen in der Erziehung in Richtung Zukunft stellen, indem wir unseren Kindern nicht nur bedingungslose Liebe und Aufmerksamkeit, sondern auch die Freude an Anstrengungsbereitschaft schenken.

»Nicht weil es schwer ist, wagen wir es nicht, sondern weil wir es nicht wagen, ist es schwer.«
Lucius Annaeus Seneca

Danksagung

Unser Dank gilt Sibylle Münnich, die unseren allerersten Entwurf mit viel Interesse als Erste gelesen und durch ihr kluges Feedback zu einigen wichtigen Weiterentwicklungen im Buch beigetragen hat.

Unser Dank gilt auch allen Personen, die in diesem Buch anonymisiert zu Wort kommen. Wir danken für die Ehrlichkeit, wenn es galt, die Dinge beim Namen zu nennen, sowie für die persönlichen Ansichten. (Hinweis: Die Namen sind erdacht. Sollte es eine Person mit gleichem Namen geben, ist dies reiner Zufall.)

Mein persönlicher Dank gilt meiner Schwester Christiane. Ohne sie wäre dieses Buch nie entstanden. Denn sie diskutiert mit mir schon seit Jahren über Disziplin, Anstrengungsbereitschaft und Erziehung. Liebe Christiane, du warst mir eine stets widerspruchsbereite, engagierte und kluge Diskussionspartnerin, wann immer meine Pädagogik auf deinen Sport traf. Liebe Schwester, ich danke dir sehr. Schön, dass es dich gibt. Deine Ursula.

Mein persönlicher Dank gilt all jenen Menschen, die aus Verantwortungsbewusstsein Disziplin von mir eingefordert und nicht weggeschaut haben, damit ich weiterkomme. Stolz bin ich auf mich selbst, da ich es geschafft habe, über eine wohl falsch verstandene Laissefaire-Erziehung hinauszuwachsen, um eine zielorientierte und vor allem glückliche Frau zu werden. Ihre Isabella Gölles.

Die Autorinnen

Ursula **Günster-Schöning,** Jahrgang 1966, ist systemische Organisationsentwicklerin, Senior Coach QRC, systemischer Coach (DGSF) und pädagogische Koordinatorin mit über 30 Jahren Berufserfahrung als Weiterbildnerin, Prozessbegleiterin und Coach. Als staatlich anerkannte Fachwirtin im Sozialwesen und Erzieherin war sie 20 Jahre im Bereich der Elementarpädagogik tätig, sechzehn Jahre davon als Führungskraft.

2006 gründete sie das Fortbildungsinstitut ERFOR und begleitet seitdem Teams bei Veränderungsprozessen. Zudem arbeitet sie als Speakerin, Moderatorin, Weiterbildnerin und coacht Führungskräfte. Als Autorin verfasst sie regelmäßig Fachartikel und kann auf zahlreiche Publikationen zurückblicken.

Isabella B. Gölles, Jahrgang 1978, BEd BSc MSc, ist Primarpädagogin und Psychologin (Schwerpunkt Entwicklungspsychologie – Resilienz im frühen Kindesalter) mit über 20-jähriger Lehrerfahrung im Schuldienst. Sie leitet das Team Primarpädagogik an der Pädagogischen Hochschule Tirol und ist verantwortlich für den Hochschullehrgang »Frühe sprachliche Förderung«. In privater Praxis berät und begleitet sie Eltern und Menschen bei Bildungs- und Lebensentscheidungen.

Literaturverzeichnis

Bücher und Zeitschriftenartikel

Angelou, M. (1978): And still I rise. New York City.

Barnett, W. S./Masse, L. N. (2007): Comparative benefit-cost analysis of the Abecedarian program and its policy implications. Economics of Education Review, 26(1), 113–125.

Baumeister, R. F./Tierney, J. (2011): Willpower: Rediscovering the greatest human strength. New York City.

Bueb, B. (2008): Lob der Disziplin – eine Streitschrift. Berlin.

Conger, R. D./Conger, K. J./Martin, M. J. (2010): Socioeconomic status, family processes, and individual development. Journal of Marriage and Family, 72(3), 685–704.

Csíkszentmihályi, M. (1990): Flow: The psychology of optimal experience. New York/London.

Csíkszentmihályi, M. (2010): Das Flow-Erlebnis. Jenseits von Angst und Langeweile: im Tun aufgehen (10. Auflage). Stuttgart.

Darmon, N./Drewnowski, A. (2008): Does social class predict diet quality? The American Journal of Clinical Nutrition 87(5), 1107–1117.

Dewey, J./Oelkers, J. (Hg.) (1930): Demokratie und Erziehung. Eine Einleitung in die philosophische Pädagogik. Weinheim.

Drexler, H. (2023): Der große Erziehungsirrtum: Wie wir unsere Kinder zu Narzissten machen. Wien.

Duckworth, A. (2016): Grit: The power of passion and perseverance. New York City.

Duckworth, A./Gross, J. (2014): Self-control and grit: related but separable determinants of success. Current Directions in Psychological Science, 23(5), 319–325.

Duckworth, A./Seligman, M. E. P. (2005): Self-discipline outdoes IQ in predicting academic performance of adolescents. Psychological Science, 16(12), 939–944.

Duckworth, A./Peterson, C./Matthews, M. D./Kelly, D. R. (2007): Grit: Perseverance and passion for long-term goals. Journal of Personality and Social Psychology, 92(6), 1087–1101.

Duden: Disziplin, Duden online, o. J., https://www.duden.de/rechtschreibung/Disziplin [letzter Aufruf: 07.08.2023].

Duhigg, C. (2014): The power of habit: Why we do what we do in life and business. New York City.
Dweck, C. S. (2006): Mindset: The new psychology of success. New York City.
Foucault, M. (1975): Überwachen und Strafen: Die Geburt des Gefängnisses. Berlin.
Fthenakis, W. E. (2023): Bildungssystem ohne Zukunft? Meine Kita – das didacta Magazin für die frühe Bildung, Ausgabe 3/2023, 24–26.
Gail, A. J. (1963): Erasmus von Rotterdam: Ausgewählte pädagogische Schriften besorgt von Anton J. Gail. Paderborn.
Gandhi, M./Dharampal-Frick, G. (Hg.) (2015): Mittel und Wege: Ausgewählte Reden und Schriften. Stuttgart.
Gardner, B./Lally, P./Wardle, J. (2012): Making health habitual: the psychology of »habit-formation« and general practice. The British Journal of General Practice, 62(605), 664–666.
Gates, B. (1996): The road ahead. New York City.
Gladwell, M. (2009): Outliers: The story of success. New York City.
Hahn, K. (1958): Erziehung zur Verantwortung. Reden und Aufsätze. Stuttgart.
Hasel, V. F. (2023): Das krisenfeste Kind. Zürich.
Hengstschläger, M. (2020): Die Durchschnittsfalle, Gene – Talente – Chancen (12. Auflage). Wien.
Isaacson, W. (2011): Steve Jobs: A biography. New York City.
Jung, C. G. (1963): Erinnerungen, Träume, Gedanken. Olten.
Juul, J. (2018): Nein aus Liebe. Starke Eltern – starke Kinder (5. Auflage). Weinheim.
Klein, Th./Schneider, S./Löwel, H. (2001): Bildung und Mortalität. Die Bedeutung gesundheitsrelevanter Aspekte des Lebensstils./Education and mortality. The significance of aspects of health-related life styles. Zeitschrift für Soziologie, 30(5), 384–400.
Körner, B./Lemme, M./Ofner, S./von der Recke, T./Seefeldt, C./Thelen, H. (Hg.) (2019): Neue Autorität. Das Handbuch. Göttingen.
Kotz, D./Kastaun, S. (2020): Anteile von Rauchenden nach Schulabschluss. Datenquelle: DEBRA-Studie, aggregierte Daten aller 6 Wellen in 2019 (Wellen 16–21), Institut für Allgemeinmedizin, Medizinische Fakultät der Heinrich-Heine-Universität Düsseldorf. Persönliche Mitteilung im Juli 2020.
Leipold, B./Greve, W. (2009): Resilience: A conceptual bridge between coping and development. European Psychologist, 14(1), 40–50.
Masten, A. S./Reed, M. J. (2002): Resilience in development. In: C. R. Snyder/S. J. Lopez (Eds.): Handbook of positive psychology (pp. 74–88). Oxford.
McLaren, L. (2007): Socioeconomic status and obesity. Epidemiologic Reviews, 29(1), 29–48.
Mischel, W./Shoda, Y./Rodriguez, M. (1989): Delay of gratification in children. Science, vol. 244, no. 4907, 933–938.
Montessori, M. (1967): The secret of childhood. New York City.
Montessori, M. (1997): Kosmische Erziehung. Freiburg i. Br.

myself, Ausgabe Jan./Feb. (2024), Interview von Marc Baumann, S. 52–54.
Ong, A. D./Bergeman, C. S./Boker, S. M. (2009): Resilience comes of age: Defining features in later adulthood. Journal of Personality, 77(6), 1777–1804.
Pestalozzi, J. H. (1806): Leonard and Gertrude: A book for German children. Oxford.
Reynolds, A. J./Temple, J. A. (1998): Extended early childhood intervention and school achievement: Age thirteen findings from the Chicago Longitudinal Study. Child Development, 69(1), 231–246.
Rohn, J. (2008): Lessons on life: How to live a successful life. Verlagsort unbekannt.
Rousseau, J.-J. (1980): Emile oder über die Erziehung. Stuttgart.
Rowling, J. K. (2008): J. K. Rowling: A biography. Westport.
Seligman, M. (1991): Pessimisten küßt man nicht. Optimismus kann man lernen. München.
Skinner, B. F. (1971): Erziehung als Verhaltensformung. Grundlagen einer Technologie des Lehrens. München-Neubiberg.
Steiner, R. (1909): The education of the child in the light of spiritual science. New York City.
Thorndike, E. L./Gates, A. I. (1930): Elementary principles of education. New York City.
Träbert, D. (2019): Wie können wir die Lernmotivation von Kindern fördern?. Familienhandbuch. https://www.familienhandbuch.de/kita/lernen/wiekoennenwirdielernmotivationvonkindernfoerdern.php#:~:text=Wenn%20wir%20die,gr%C3%B6%C3%9Ftm%C3%B6glichen%20Effekt%20erzielen [letzter Aufruf: 07.08.2023].
Tröhler, D. (2013): Pestalozzi and the educationalization of the world. London.
Van der Horst, K./Oenema, A./Ferreira, I./Wendel-Vos, W./Giskes, K./van Lenthe, F./Brug, J. (2007): A systematic review of environmental correlates of obesity-related dietary behaviors in youth. Health Education Research 22(2), 203–226.
Walk, L. M./Evers, W. F. (2013): Förderung exekutiver Funktionen. Wissenschaft – Praxis – Förderspiele. Verlagsort unbekannt.
Werner, E. E./Smith, R. S. (1982): Vulnerable but invincible: A study of resilient children. New York City.
Woods, H. C./Scott, H. (2016): #Sleepyteens: social media use in adolescence is associated with poor sleep quality, anxiety, depression and low self-esteem. Journal of Adolescence, 51(1), 41–49.
Yoshikawa, H./Aber, J. L./Beardslee, W. R. (2012): The effects of poverty on the mental, emotional and behavioral health of children and youth: implications for prevention. American Psychologist, 67(4), 272–284.
Zhai, F./Brooks-Gunn, J./Waldfogel, J. (2011): Head start and urban children's school readiness: A birth cohort study in 18 cities. Developmental Psychology, 47(1), 134–152.

Bücher zum Weiterlesen

von Cube, F. (1999): Fordern statt verwöhnen. Die Erkenntnisse der Verhaltensbiologie in der Erziehung. München.

Günster-Schöning, U. (2018): Ich bin Erzieher*in. Superkräfte versus berufliche Realität. Göttingen.

Internetquellen

Interviews:

https://www.focus.de/magazin/archiv/aufsteiger-die-drei-lehren-der-neuen-loewin_id_203774449.html [letzter Aufruf: 21.05.2024].

Weiterführende Links und Materialien:

https://psyche-und-arbeit.de/?p=14142#:~:text=Positive%20Aggression%20ist%20 %E2%80 %93%20bei%20aller,es%20etwas%20Sch%C3%B6neres%20und%20Konstruktiveres%3F [letzter Aufruf: 22.08.2023].

https://www.superheldenkids.de/gefuehlehelden/

http://youtube.com/@UrsulaGuensterSchoening